I0483863

# ALIGNÉ

## LES FACTEURS SURPENANTS QUI ENTRAÎNENT LA VALEUR COMMERCIALE DES TI

Simon Chapleau

ISBN-13 : 978- 1508606741

ISBN-10 : 1508606749

# Dédicace

À toute l'équipe de Green Éléphant sans laquelle ce projet
n'aurait jamais vu le jour.

# Table des matières

# *Introduction*

"Comment puis-je savoir si j'apporte de la valeur commerciale à mon entreprise?"

C'était en 2007, dans la salle d'embarquement de l'aéroport de Las Vegas, que j'ai rencontré Marc, le *Chief Information Officer* (CIO) d'une grande organisation pharmaceutique qui venait d'assister à la même conférence que moi. À l'époque, je travaillais comme directeur chez Gartner, un grand cabinet de conseil en gestion des TI. J'avais travaillé avec Marc à plusieurs reprises, l'aidant à élaborer un plan stratégique TI. J'étais familiarisé avec son organisation, ayant des contacts réguliers avec son équipe et l'entreprise. Marc était certainement dans le top cinq des CIO que je connaissais. Peu de gens ont montré sa vision et fait preuve de leadership comme lui. En fait, en seulement trois ans, il avait complètement transformé son organisation, en prenant des services disparates avec une mauvaise réputation pour les transformer en une équipe unie et concentrée.

« J'ai toutes sortes de mesures, indicateurs de performance, tableaux de bord », m'a dit Marc. « Pourtant, je sens que je suis complètement dans le noir sur ce sujet. Comment puis-je savoir si je me dirige dans la bonne direction, que j'ajoute de la valeur? » En tant que consultant en gestion, censé avoir toutes les réponses, j'ai été surpris par sa question. « Je ne pense pas que des métriques puissent te le dire, » ai-je répondu. « Je pense que la seule façon de savoir avec certitude est de le demander aux affaires ».

Cette réponse a laissé Marc quelque peu insatisfait. Il aurait aimé avoir une mesure, un indicateur qui permettrait de suivre la valeur commerciale de son département et de la gérer. Bien sûr, il avait les budgets, les *benchmarks* et les tableaux de bord des projets, mais rien qui parlait de la valeur commerciale.

J'étais frustré après cette conversation. Quelle est la crédibilité de la valeur commerciale comme concept si l'on ne peut même pas la mesurer?

Quelques années plus tard, je suis devenu encore plus préoccupé par ce concept. J'étais devenu le CIO d'une entreprise de recyclage qui n'était rien de plus qu'une collection d'usines et de bureaux régionaux ayant peu en commun. Le président voulait moderniser la société en mettant en place des systèmes et des processus communs. Je pensais que ce serait non seulement un grand défi, mais aussi une excellente occasion de tester un grand nombre de théories que j'avais développées en tant que consultant. Mais la même question est revenue me harceler : comment vais-je savoir si j'offre de la valeur commerciale à l'entreprise?

Deux ans plus tard, mon équipe de projet avait fait l'impossible, en livrant un projet complexe de transformation des affaires et d'implantation d'un ERP (Enterprise Resource Planning) dans les temps et en respectant le budget. Nous avons également réussi à migrer les utilisateurs d'un processus manuel, gourmand en main-d'œuvre, vers un système en temps réel automatisé. L'équipe a remporté des prix et a été mentionnée dans plusieurs magazines spécialisés. Nous avons été invités à des colloques afin de partager nos meilleures pratiques.

Mais la transformation de l'organisation a eu un coût : l'entreprise nous détestait.

Nous avions imposé tant de nouvelles méthodes de travail et de nombreuses nouvelles technologies que nous avions bouleversé leur quotidien. Nous avions enlevé toute leur expertise et leur expérience et les avons automatisées dans un système informatique. J'étais tellement concentré sur la prestation que j'avais oublié que je n'étais pas celui qui allait vivre avec ces systèmes pour les années à venir, mais les utilisateurs, si.

Donc, si transformer les activités et améliorer le fonctionnement ne crée pas de valeur, qu'est-ce qui le fait? Pourquoi certains départements TI sont-ils si bons à créer de la valeur tandis que d'autres semblent échouer lamentablement? Est-il possible de reproduire ces conditions d'une organisation à une autre?

Cette question est devenue le centre de mes recherches et de mon travail. J'étais convaincu que les départements TI pouvaient contribuer au succès de leur organisation et qu'ils pouvaient l'aider à devenir plus productive, plus compétitive et plus innovante. Je croyais que les TI pouvaient être la force motrice de cette transformation.

Dans le cadre de nos recherches de la valeur commerciale des TI, nous avons analysé, sondé et interrogé plus de deux cents organisations. Nous avons interrogé des départements TI, des utilisateurs et des dirigeants d'entreprise. Nous avons parlé à des départements informatiques prospères et à d'autres couronnés de moins de succès. Nous avons essayé de couvrir le plus grand nombre d'industries et de tailles que possible.

Nos cinq années de recherche nous ont donné de nombreuses conclusions surprenantes. Toutefois, la conclusion la plus importante de toutes a été de découvrir que créer de la valeur commerciale est à la portée de tous les départements TI. Ce n'était pas un facteur lié à l'industrie, à la taille de l'équipe ni même au budget TI. Nous avons également appris que, bien que fournir de la valeur soit très simple, ce n'est pas facile.

Nous espérons partager ces conclusions et ces approches avec vous, afin que vous aussi puissiez offrir une valeur commerciale incroyable.

## Le projet de recherche sur la valeur commerciale des TI.

J'ai passé plus de dix ans chez Gartner en tant que consultant, à aider plusieurs entreprises à tirer le meilleur de leurs départements TI. En tant que tel, j'ai eu la chance de collaborer avec plusieurs types d'organisations, et j'ai toujours été surpris de voir les différentes façons dont les entreprises perçoivent leurs départements TI.

Certains de ces services TI étaient de véritables partenaires, participant au processus de prise de décisions et de stratégie. Ils étaient l'exemple à suivre, le modèle parfait de création de valeur.

Pourtant, d'autres organisations ont suivi toutes les meilleures pratiques recommandées par Gartner. Ils ont mis en place de nombreux processus et méthodologies afin de devenir de meilleurs partenaires, mais ils avaient toujours une terrible réputation au sein de l'organisation. La valeur était non seulement inexistante, mais le département TI était presque l'objet de mépris.

Le projet a démarré en 2012 avec un objectif-clé : mesurer la valeur commerciale des départements TI. C'était un engagement colossal. Nous avions décidé d'étudier plus de 150 000 utilisateurs, chefs d'entreprise et responsables TI. Nous avons effectué des centaines d'entrevues. L'objectif était d'obtenir une perspective équilibrée sur chaque organisation : direction TI, employés TI, chefs d'entreprise et utilisateurs.

Pour faciliter notre travail, nous nous sommes inspirés de l'univers du marketing, qui a une longue expérience dans l'évaluation et la mesure de la valeur commerciale. Nous avons adapté ces concepts marketing au contexte des départements TI, qui sont des «monopoles»; c'est-à-dire, les utilisateurs n'ont pas le choix.

## Les étapes de la valeur commerciale.

Pendant la mesure de la valeur commerciale des départements TI, nous avons remarqué qu'ils avaient tendance à s'assembler en quatre groupes différents.

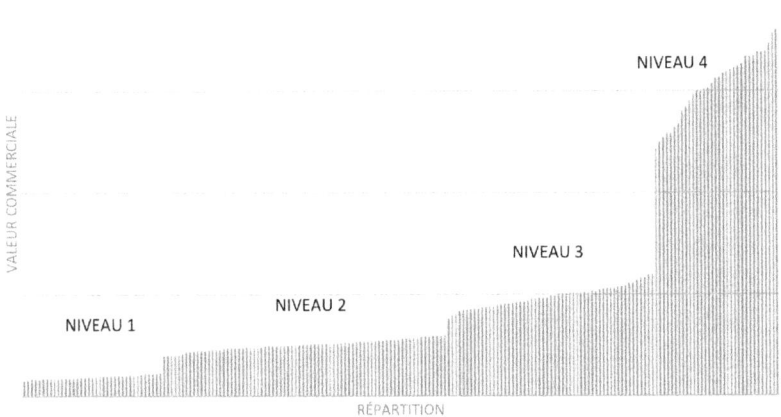

RÉPARTITION DE LA VALEUR COMMERCIALE

Après l'analyse de ces groupes, nous avons vu qu'ils représentaient quatre différents niveaux d'évolution :

- **Niveau 1.** Ces départements TI se concentrent presque exclusivement sur la gestion des technologies. Ils apportent peu de valeur commerciale parce qu'ils sont considérés par l'entreprise soit comme une commodité, soit comme un obstacle.

- **Niveau 2**. Ceux de deuxième niveau ont tendance à se concentrer sur la réalisation des projets. Leur valeur est plus élevée, car ils contribuent à l'évolution de l'organisation. Cependant, leur accent sur les projets tend à négliger la performance opérationnelle.

- **Niveau 3**. Ceux de troisième niveau sont de très bons gestionnaires de services. Leur valeur vient du fait d'être prévisible et l'on peut compter sur eux.

- **Niveau 4**. Dans le quatrième niveau, les départements TI à haute valeur réalisent leur valeur commerciale en établissant des relations individuelles avec tous les secteurs de l'entreprise et adaptent leur modèle de service pour répondre aux besoins de l'entreprise.

Nous nous attendions à voir des différences dans la valeur commerciale en fonction de la maturité de la structure et du budget des départements TI. Nous avons constaté, au contraire, qu'un petit groupe de départements TI éclipsait complètement les autres en matière de valeur commerciale. Leur contribution était si élevée qu'elle ne pouvait pas s'expliquer par les budgets et la structure. Quelque chose d'autre menait leur valeur commerciale. Les départements TI de Niveau 4 étaient dans une classe à part.

Les départements TI de Niveau 4 étaient également très différents de l'intérieur. Leurs équipes étaient productives, concentrées et engagées, avec une bonne réputation au sein de l'entreprise. Les équipes TI étaient impliquées dans de nombreuses initiatives d'affaires et les leaders TI ne semblaient jamais surpris par de nouveaux projets ou initiatives. Ils étaient toujours au courant. En bref, les TI semblaient être intégrées dans tous les secteurs de l'entreprise au lieu d'être simplement un fournisseur parmi tant d'autres.

Nous avons trouvé six facteurs qui distinguent ces équipes de Niveau 4 du reste. En collaboration avec nos clients, nous avons développé une approche pour aider les départements TI à établir ces mêmes conditions et devenir ainsi des créateurs de valeur.

Dans ce livre, nous aimerions partager nos résultats avec vous. Mais d'abord, nous allons définir ce qu'est la *valeur commerciale*.

## Qu'est-ce que la valeur commerciale?
*Tylenol* vs l'acétaminophène

Étant un homme d'âge moyen qui essaie de rester actif, je dirais que je connais bien le *Tylenol*. En fait, nous sommes meilleurs amis.

Mais si vous avez acheté *Tylenol* dernièrement, vous avez vu la différence de prix entre celui-ci et son plus proche concurrent : l'acétaminophène. La différence est si grande que dans certains magasins, *Tylenol* est deux fois plus cher.

Donc, on peut se poser la question suivante : quelle est la différence entre le *Tylenol* et l'acétaminophène? Il n'y en a aucune.

*Tylenol* est de l'acétaminophène avec un revêtement rouge dans une boîte rouge. D'un point de vue strictement médical, ils sont identiques. Et je ne veux pas dire qu'ils sont similaires, mais ils sont exactement la même chose.

Alors pourquoi les gens sont-ils prêts à payer deux fois plus pour acheter *Tylenol*? C'est parce qu'ils font confiance à la marque.

*Tylenol* a évolué comme une marque reconnue dans les dernières décennies, au point qu'elle a pris la place du nom générique du médicament. Les gens achèteront « du *Tylenol* », et pas de l'acétaminophène.

## La valeur d'une marque

La valeur d'une marque peut être définie par le supplément que les gens sont prêts à payer uniquement pour le nom.

Revenons à l'exemple de *Tylenol*.

Considérant que l'acétaminophène est exactement la même chose et se vend la moitié du prix de *Tylenol*, la valeur de la marque *Tylenol* est 100 % de plus que celle du concurrent générique.

Bien sûr, c'est encore plus évident dans le secteur de la mode, où les accessoires *Louis Vuitton* et *Prada* se vendent des milliers de dollars alors que le coût de fabrication se situe autour de quelques dizaines de dollars.

Les consommateurs paieront plus pour les articles de marque pour diverses raisons : le statut, l'acceptation sociale et le prestige, par exemple.

Mais dans le monde des affaires, est-ce que quelqu'un paierait plus pour une marque? Après tout, les entreprises se concentrent sur l'optimisation des coûts, non?

Les principales raisons pour lesquelles les entreprises sont prêtes à payer plus pour une marque sont :

- Elles sont convaincues que la marque possède les connaissances nécessaires;
- Elles sont convaincues que la marque a l'expérience;
- Elles sont convaincues que la marque prend leurs préoccupations à cœur;
- Elles sont convaincues que la marque évoluera en fonction de leurs besoins courants.

## La valeur commerciale du TI est sa marque

Pour la définir, *la valeur commerciale* est la marque TI. C'est le montant que votre organisation serait prête à payer pour utiliser vos services, au-delà du prix du produit brut.

Pourquoi les utilisateurs utiliseraient-ils vos services plutôt qu'un fournisseur externe? Si la seule raison est parce qu'ils y sont obligés, alors votre marque (et la valeur commerciale) sera probablement négative. Les gens paieraient plus quelqu'un d'autre pour recevoir les mêmes services.

Par contre, si l'entreprise est prête à payer plus pour obtenir les services de votre département TI, ils ont probablement mis une prime sur les services qu'ils reçoivent de vous.

## Les marques sont fondées sur des perceptions

Et si je vous demandais quelle marque fait le meilleur café : *Starbucks* ou *Dunkin Donuts*? Vous répondrez probablement *Starbucks*. Après tout, le café *Starbucks* est plus cher, l'un des indicateurs les plus efficaces de la valeur d'une marque.

Pourtant, des tests à l'aveugle ont montré que les gens ont tendance à préférer le café *Dunkin Donuts* contre celui de *Starbucks*. Dans l'ensemble, le café *Dunkin Donuts* est considéré comme moins amer et plus agréable. Pourtant, leur café coûte presque moitié du prix de *Starbucks*.

La même chose est vraie pour la valeur commerciale. Votre département TI peut travailler très fort et offrir un service incroyable. Pourtant, si les gens ont une mauvaise perception de votre service (ou ils ne le connaissent pas), il ne se transformera pas en valeur commerciale.

C'est pourquoi la gestion des perceptions est aussi importante que la gestion du service.

## La marque de la Transportation Security Administration (TSA)

Si vous avez récemment voyagé par avion aux États-Unis, vous êtes probablement familier avec la Transportation Security Administration (TSA). TSA est l'organisme chargé de nous protéger pendant le voyage. Bien sûr, ils le font en s'assurant que nous aurons soif en retirant nos bouteilles d'eau avant le contrôle de nos bagages.

TSA souffre d'une assez mauvaise réputation. Les enquêtes montrent que 85% des voyageurs fréquents donnent à TSA une note passable ou mauvaise. Ils trouvent leurs opérations inefficaces, leurs règles de sécurité absurdes et leurs agents arrogants.

Après tout, qui serait assez naïf pour transporter une arme à bord d'un avion? Et bien, en 2013, il y aurait eu 1813 personnes de ce genre, ou cinq personnes par jour. Et 81% des armes saisies étaient chargées. Bien sûr, tout le monde n'est pas un terroriste, mais ceci représente quand même un grand nombre d'armes. C'est sans compter le nombre de couteaux, d'explosifs et des masses médiévales qui ont été confisqués!

Mais soyons honnêtes - le travail de la TSA est assez ingrat. Ils doivent choisir entre ennuyer des millions de passagers légitimes avec des procédures de sécurité envahissantes ou prendre le risque qu'une menace potentielle se retrouve à bord d'un avion. Bien sûr, si la TSA adoucissait ses procédures et un incident se produisait, personne ne prendrait sa défense.

La TSA est un exemple d'organisation qui souffre de sérieux problèmes de marque. La valeur commerciale qu'elle fournit aux entreprises est indéniable, mais sa contribution n'est pas reconnue.

# *Le cadre*

Nous avons construit les concepts dans ce livre autour d'un cadre simple que nous appelons l'équation de la valeur commerciale. En essayant de répondre au désir de Marc d'avoir un moyen pour mesurer la valeur commerciale (j'ai seulement dix ans de retard, Marc, désolé), nous avons développé une façon de quantifier la valeur commerciale. Notre méthode fournit un moyen simple d'expliquer ce qui augmente la valeur commerciale. Dans le processus de notre recherche, nous avons trouvé six principales caractéristiques qui influencent la perception de la valeur commerciale des TI.

## 1. Fournir l'essentiel

Nous avons été surpris de voir l'impact que les services TI de base ont eu sur la perception de la valeur commerciale. On aurait pensé que fournir des ordinateurs, un accès Internet et un service d'assistance serait devenu chose courante, mais en fait, c'est tout le contraire. Les départements TI à succès utilisent les services TI de base comme mécanisme pour gagner et démontrer leur crédibilité et pour établir des relations avec les utilisateurs.

## 2. Engager les utilisateurs

Les utilisateurs sont un public captif, les consommateurs d'un monopole. Ils ne peuvent pas aller ailleurs pour obtenir leurs services. Alors qu'importe s'ils sont satisfaits ou non? En fait, c'est très important. Les départements TI à succès travaillent fort non seulement pour offrir un excellent service, mais aussi pour engager les utilisateurs afin qu'ils obtiennent une utilisation maximale des systèmes mis à leur disposition.

### 3. Jouer votre rôle

Nous nous attendions à ce que la gouvernance joue un rôle majeur quand il s'agit de valeur commerciale et d'alignement. En fait, la gouvernance n'y était pas pour beaucoup. La façon dont l'équipe TI s'est comportée par rapport à ce que l'entreprise attend a joué le plus grand rôle. Parfois, l'alignement veut dire faire plus, mais il peut aussi signifier faire moins.

### 4. Créer des partenariats

Les services TI à succès ne se contentent pas de jouer simplement le rôle attendu par l'entreprise, ils changent aussi les attentes. Ils travaillent fort pour bâtir une crédibilité et gagner le droit de jouer un rôle majeur dans la direction et l'orientation de leur organisation.

### 5. Moins, mais mieux

Bien que les compétences techniques soient importantes, nous avons été surpris de constater que les compétences de service à la clientèle étaient primordiales. En fait, les départements TI à succès embauchent leur personnel en fonction de l'attitude et ensuite, ils le forment aux compétences techniques. Et ils misent sur la formation continue pour continuer à mieux servir leurs utilisateurs.

### 6. Des processus Boucles D'or

Enfin, les départements TI performants construisent des processus pour aider les utilisateurs, et non seulement pour s'aider eux-mêmes. Ils ne transfèrent pas le travail aux utilisateurs ni les obligent à remplir des formalités avant de pouvoir parler avec eux. Au lieu de cela, les processus qu'ils mettent en place sont destinés à faciliter la vie de leurs utilisateurs.

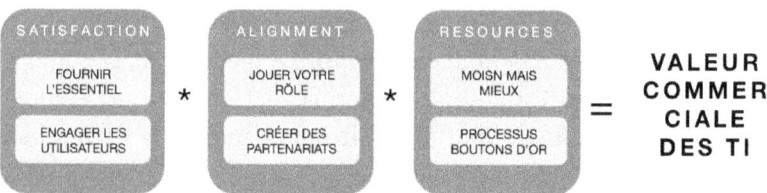

## Ce qui n'était pas un facteur

Le plus intéressant, c'est que nous avons également découvert que certains facteurs ont eu peu ou pas d'impact sur la valeur commerciale.

## 1. Technologie

Malgré le temps et de l'argent qui sont consacrés à la sélection de la bonne technologie, nous n'avons trouvé aucune corrélation entre le type de technologie utilisée et la valeur commerciale. Nous n'avons même pas trouvé de corrélation entre l'âge de la technologie et la valeur.

## 2. Le budget TI

Nous n'avons trouvé aucune corrélation entre le budget TI et la valeur commerciale perçue. Les services TI à gros budgets n'étaient pas plus susceptibles de fournir de la valeur commerciale. La valeur était accessible même pour les départements avec de sévères contraintes budgétaires. Cela a été l'une de nos plus grandes découvertes. Cela signifie que la valeur commerciale n'est pas une question du montant d'argent que vous possédez, mais de la façon dont vous le dépensez. Vous ne pouvez pas acheter votre chemin vers la valeur commerciale.

## 3. Gouvernance

La gouvernance est à la mode dans les revues de l'industrie lorsque nous parlons d'alignement, mais étonnamment, la gouvernance n'était pas vraiment un facteur. Nous avons vu que même les départements TI avec une monarchie TI (les TI décident de tout) apportent une valeur incroyable. En fait, nous avons constaté que les principaux départements

TI font leur travail avant que ça ne touche la gouvernance. Ils travaillent en utilisant l'influence et le leadership pour aligner l'entreprise avant même que la gouvernance n'entre en jeu. Pour eux, la gouvernance n'est qu'un processus d'approbation.

## 4. Sous-traitance

Si le service est si important, alors est-il logique que l'impartition ait un impact négatif sur la valeur commerciale? Pas du tout. Les principaux départements TI sont aussi susceptibles de mener des opérations en interne que de les impartir. Ce qui différencie les leaders des départements TI est le niveau d'effort qu'ils mettent dans la gestion de leur relation d'impartition. Ils n'impartissent pas leurs problèmes.

## Il s'agit de partenariat

En bout de compte, la valeur commerciale est basée sur le partenariat. Et les partenariats ne sont pas égaux. Les départements TI à succès s'adaptent à leurs partenaires et les influencent pour les changer. Comme toute relation, il n'y a pas de formule miracle, mais il y a des lignes directrices.

J'espère que ce livre vous incitera à développer des partenariats plus profonds et plus importants; qu'il servira de source d'inspiration pour vous et votre équipe; et enfin, qu'il jouera un petit rôle dans votre réussite future.

# 1. Fournir l'Essentiel

## Marie : votre utilisateur type

Un lundi matin dans un département des finances typique, Marie revient d'un agréable congé avec sa famille et se prépare pour la semaine à venir. Comme d'habitude, elle allume son ordinateur, qu'elle éteint consciencieusement tous les vendredis soirs. Les TI lui ont dit qu'elle n'a pas besoin de faire cela, mais elle estime que c'est une belle façon de terminer la semaine de travail. Éteindre l'ordinateur, fermer la semaine de travail.

Mais comme d'habitude, son ordinateur met beaucoup de temps à démarrer. En démarrant, il fait tous ces bruits étranges et fait apparaître des messages d'erreur, auxquels Mary est habituée maintenant. Elle utilise ce temps pour planifier sa semaine, rattraper son retard sur les messages vocaux et prendre un café. Certains lundis, son ordinateur met près d'une demi-heure à démarrer.

Elle pourrait vivre avec le démarrage lent, après tout, ça n'arrive qu'une fois par semaine. Mais le manque de fiabilité de l'ordinateur commence vraiment à irriter Marie. Certains jours, son ordinateur fonctionne à merveille. D'autres fois, il est lent, ne répond pas et s'éteint sans aucune raison. Cela se produit généralement quand elle en a le plus besoin, par exemple, juste avant une réunion.

Marie a donné un surnom à son ordinateur : « Vieille épave ». Elle n'est pas du tout experte en ordinateurs, mais elle peut reconnaître un ordinateur inadéquat quand elle en voit un.

Marie est l'utilisatrice type de produits électroniques de consommation. Elle possède une tablette pour naviguer ses réseaux sociaux et rester en contact avec les amis et la famille. Son fils joue à des jeux vidéo sur une machine très performante. Et sa fille utilise un de ces ordinateurs portables minces et élégants pour ses travaux universitaires.

C'est toujours Marie qui s'occupe de la relation avec son fournisseur de câble et d'accès Internet. Elle vient juste de mettre à jour sa connexion à la maison et s'attendait à recevoir un service horrible, comme celui auquel nous sommes habitués quand il s'agit des entreprises de câblodistribution. Au lieu de cela, elle a eu le plaisir de voir que les techniciens arrivent à l'heure (plus de « nous serons là entre 8 et 5 ») et travaillent efficacement.

Elle est loin d'être une experte, mais elle sait comment utiliser ses périphériques et gérer son ménage. Si elle peut faire fonctionner ses ordinateurs et sa connexion Internet, pourquoi les TI ne sont-elles pas capables d'en faire autant?

## Ce que 150 000 d'utilisateurs nous ont dit

Marie n'est pas la seule dans cette situation. En fait, notre recherche a montré que plus de 45% des utilisateurs sont insatisfaits de leur ordinateur. Quand on pense que les employés de bureau passent en moyenne 5,5 heures par jour devant un écran, ce nombre est alarmant.

Nous avons compilé et analysé les résultats de plus de 100 000 enquêtes de satisfaction des utilisateurs chez nos clients. Les répondants provenaient de tout type d'industrie, de taille d'entreprise et d'utilisateurs. Puisque nos clients ont tendance à être plus progressifs, nous avons recruté un autre 50 000 utilisateurs provenant d'autres organisations. Nous ne prétendons pas que ces résultats sont statistiquement représentatifs ou qu'ils portent des ressemblances avec vos utilisateurs, mais ils fournissent des indications utiles sur ce qui apporte de la satisfaction.

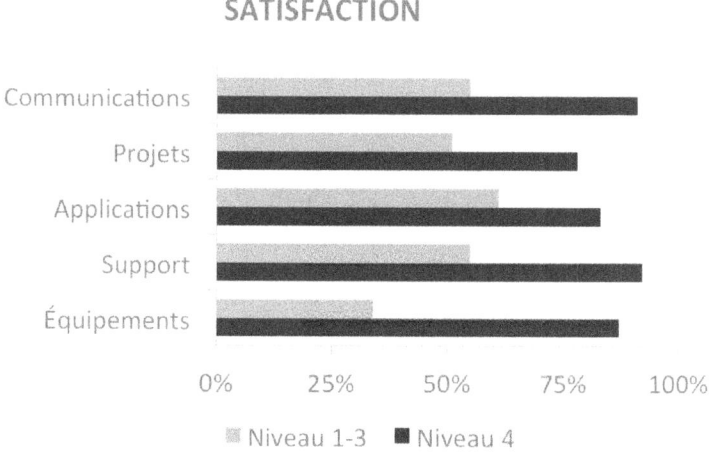

Bien sûr, cette histoire est différente pour les départements TI de Niveau 4. Ils atteignent toujours des niveaux élevés de satisfaction à la fois au niveau de l'équipement (ordinateurs, téléphones portables, imprimantes, etc.) et l'assistance (soutien téléphonique, soutien en ligne, soutien applicatif).

De toutes les variables, nul ne peut prédire la valeur commerciale aussi bien que la satisfaction de l'utilisateur, au point où nous n'avons vu aucun département TI de Niveau 4 avec des niveaux de satisfaction utilisateur faibles.

## Tous les besoins ne sont pas égaux

Intuitivement, cette corrélation a beaucoup de sens. Après tout, qui ferait confiance à un partenaire qui ne peut pas fournir des services de base correctement?

Pour illustrer la raison à cela, permettez-moi de vous ramener quelques années en arrière lors de vos cours de psychologie. Peut-être vous souvenez-vous de la Pyramide des besoins de Maslow? Ce chercheur a développé une pyramide des besoins humains qui sont catégorisés en ordre dans lequel ils devraient être satisfaits.

5. Actualisation

4. Estime

3. Appartenance

2. Sécurité

1. Physiologique

Cette pyramide suggère qu'on ne peut pas répondre à ses besoins d'ordre supérieur (tels que l'estime de soi) si les besoins des niveaux inférieurs ne sont pas d'abord satisfaits.

Si ma maison vient de brûler, je ne souhaiterai pas rejoindre un club de quilles pour répondre à mes besoins d'appartenance. Je travaille toujours sur mes besoins physiologiques en premier lieu. Plus tard, quand j'aurai un abri conforme, je pourrais devenir intéressé.

Cette pyramide est importante, car elle montre de quelle façon les priorités des individus varient en fonction de leur estimation du degré de satisfaction de leurs besoins fondamentaux. Puisque cela est subjectif, une personne ayant cinq dollars dans son compte bancaire pourrait se sentir riche et prête à avancer vers ses besoins d'appartenance alors que quelqu'un d'autre pourrait en être terrifié et devra encore travailler sur ses besoins de sécurité.

Le même concept s'applique dans les TI. Nous appelons cela la hiérarchie de valeur TI.

## La hiérarchie de valeur TI : Maslow appliquée aux TI

La hiérarchie de valeur TI est construite sur le modèle de la hiérarchie des besoins de Maslow. Elle donne un aperçu des besoins d'une organisation dans leur ordre d'importance.

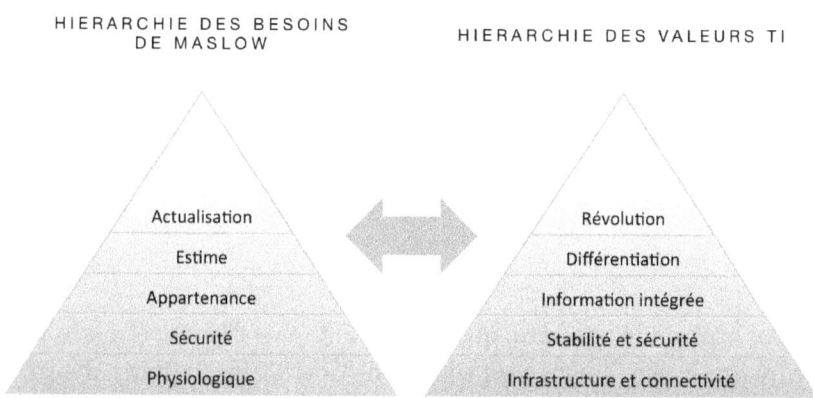

Les leaders TI ont tendance à regarder le troisième niveau (information intégrée) et le quatrième niveau (différenciation) lorsqu'ils parlent de la valeur commerciale des TI. Ils pensent à des applications et des façons d'agir pour permettre à l'entreprise d'en faire plus. Toutefois, les utilisateurs ne seront pas en mesure de reconnaître la valeur de ces propositions s'ils n'ont pas le sentiment que leurs besoins essentiels sont satisfaits. Quels sont les besoins essentiels? La chose devant laquelle ils s'assoient pendant 5,5 heures par jour : leur ordinateur.

Intuitivement, cela a beaucoup de sens. Les utilisateurs frustrés par un ordinateur lent ne souhaiteront pas recevoir plus de données. Ils peinent assez en utilisant ce qu'ils ont déjà qu'ils ne s'ajouteront pas d'une charge de travail additionnelle.

**Comment les départements TI de Niveau 4 fournissent les Essentiels**

Les départements TI de Niveau 4 fournissent l'essentiel de quatre façons :

1.  Ils fournissent des infrastructures performantes;

2.  Ils traitent l'assistance technique comme leur activité principale;

3.  Ils personnalisent leurs services pour chaque utilisateur;

4.  Ils mesurent la satisfaction.

# 1. Infrastructure performante

> *« Mon ordinateur met trente minutes pour démarrer les lundis matin. »*

> *« Mon système se bloque au moins deux fois par jour. »*

> *« Mon ordinateur se déconnecte régulièrement du réseau. »*

Ces commentaires proviennent d'utilisateurs qui ont répondu à notre enquête de satisfaction.

Il y a quelques années, lors d'une présentation client, mon ordinateur a décidé d'effectuer une analyse antivirus. Les TI de mon employeur avaient décidé que tous les ordinateurs seraient analysés à midi tous les mercredis, que vous le vouliez ou non. Ce processus a paralysé mon ordinateur, rendant la présentation presque impossible. C'est particulièrement gênant lorsque vous travaillez pour Gartner et que vous facturez une petite fortune à vos clients pour donner des conseils TI.

Rien n'est plus frustrant qu'un équipement imprévisible. Imaginez que votre voiture décidait de s'arrêter à tout moment pendant que vous conduisez. Après quelque temps, vous souhaitez simplement remplacer la voiture. Cela n'a pas de sens d'avoir une voiture si vous ne pouvez pas compter sur elle.

La plupart des utilisateurs ne signalent pas les problèmes de fiabilité. Comme tout le reste, ils pensent toujours que cela peut attendre à un autre jour. Ils sont trop occupés dans le moment présent. Ils vivent donc avec le problème et leur frustration croissante, jusqu'au jour où ils en ont enfin assez ou encore l'équipement arrête complètement.

## L'impact de la mauvaise performance

Les ordinateurs sont au premier niveau de la hiérarchie des valeurs TI. Si un ordinateur ne fonctionne pas, rien d'autre ne compte.

En outre, la mauvaise performance n'est pas tout simplement ennuyeuse. Les chercheurs ont montré que les dysfonctionnements informatiques ont un impact dramatique sur l'exécution des tâches de l'utilisateur.

On a demandé aux participants du test d'effectuer des tâches simples sur un ordinateur dans le laboratoire de psychologie. Les scientifiques avaient trafiqué l'ordinateur afin qu'il simule un dysfonctionnement à des intervalles aléatoires. Les sujets du test devaient essayer d'exécuter leurs tâches, mais l'ordinateur signalait un problème, ralentissait ou redémarrait. On a demandé aux participants du test de continuer malgré les problèmes informatiques.

Un groupe similaire a effectué les mêmes tâches sans les problèmes constants. Les résultats ont été spectaculaires. Le groupe qui n'a pas été dérangé a montré, en moyenne, un taux de 97% de réussite, tandis que le groupe dérangé par les dysfonctionnements informatiques a accompli seulement 74% des tâches.

La partie intéressante de cette recherche n'était pas seulement la performance, mais le stress et l'anxiété qu'elle a créés chez les sujets du test.

Les sujets du groupe perturbé par les problèmes informatiques ont rapporté trois fois plus de stress dans leur auto-évaluation que le groupe non perturbé. Ils étaient aussi beaucoup moins susceptibles d'exécuter une seconde tâche et étaient généralement moins courtois avec les chercheurs. La mauvaise performance a eu des effets réels sur le bien-être des sujets du test.

Maintenant, imaginez si votre ordinateur n'était pas fiable tous les jours!

Les utilisateurs des organisations de haute valeur rapportent, en moyenne, un taux de plainte de 3 à 4% sur la performance de leur équipement. Les utilisateurs des organisations de faible valeur ont tendance à déclarer un taux de plainte sur les performances de l'ordinateur de 15% à 20%. Et ce ne sont que ceux qui prennent la peine de se plaindre.

## L'ordinateur est la principale représentation des TI

La plupart des utilisateurs n'ont aucune idée de ce qu'il faut pour gérer une organisation TI. Ils n'ont jamais vu une salle informatique ou un serveur. Ils ne réalisent pas les kilomètres de câbles nécessaires pour l'accès à l'Internet, la complexité de garder tout l'ensemble en marche ou les coûts impliqués. La seule chose que les utilisateurs voient, c'est leur ordinateur.

## Pour les utilisateurs, les TI *c'est* leur ordinateur.

Ils jugeront le département TI sur la façon dont leur ordinateur fonctionne. Une mauvaise performance de leur ordinateur signifie généralement que les TI ne font pas leur travail.

Les départements TI de Niveau 4 comprennent que leur réputation dépend des ordinateurs et agissent en conséquence. Ils travaillent fort pour minimiser les désagréments.

## Le coût réel de la performance

Beaucoup d'utilisateurs sont quotidiennement confrontés à une mauvaise performance de leur ordinateur. Les ordinateurs lents frustrent les employés partout dans le monde, surtout quand ils ont un meilleur ordinateur à la maison.

Nous avons effectué une analyse pour un client qui rencontrait un problème majeur de performance. Nous avons calculé qu'en moyenne, les dépenses TI étaient de 15 000$ par an par utilisateur. Leur équipement informatique actuel avait coûté 600 $ par utilisateur. Puisque les ordinateurs ont une durée de vie de quatre ans, les coûts informatiques s'élevaient à 150 $ par an, soit 1% du budget informatique.

Comme nous l'avons mentionné, les utilisateurs passent en moyenne 5,5 heures par jour devant l'ordinateur, qui est la représentation la plus visible des TI. Pourtant, ce client a consacré seulement 1 % de son budget aux ordinateurs.

Nous avons fait une hypothèse radicale : si l'on doublait le budget consacré aux ordinateurs? Que se passerait-il?

Nous avons acheté quelques machines à $1,200 et les avons données à différents utilisateurs, avec des résultats étonnants. La performance a été améliorée, la productivité a augmenté (selon les utilisateurs) et les utilisateurs étaient beaucoup plus heureux. Le client a décidé d'aller de l'avant avec ce programme.

Cette décision a eu un impact de 1% sur leur budget informatique. Pourtant, la satisfaction a triplé. Il y a une grande différence entre un ordinateur de 600,00 $ et un à 1200,00 $. Pourtant, sur le budget total, c'était presque insignifiant. Ils étaient en mesure de l'absorber sans conséquence.

Alors, pourquoi la plupart des départements TI ne dépensent-ils pas plus sur les ordinateurs? Il y a deux raisons :

- L'effet *Best Buy* : la plupart des dirigeants reçoivent le dépliant Best Buy à la maison et ils l'utilisent pour comparer les coûts TI. Lorsqu'ils voient qu'ils peuvent obtenir un ordinateur décent pour 500 $, ils se demandent pourquoi le département TI dépense tant d'argent sur les équipements informatiques.

- C'est l'un des rares coûts que les gestionnaires TI peuvent contrôler. La plupart des coûts informatiques sont fixes (salaires, licences, etc.). Si les gestionnaires TI veulent réduire les coûts, ils ont peu de moyens de le faire. Couper dans l'équipement est l'une des seules options disponibles.

La réduction des coûts de l'équipement procure un soulagement à court terme, mais finit par coûter beaucoup plus sur le long terme.

## L'équipement est la partie facile

Pour la plupart des départements TI, fournir du matériel performant, fiable est la partie facile. Après tout, c'est surtout de l'argent. Il n'y a pas de complexité inhérente dans la livraison d'une infrastructure performante. Les départements TI seront en mesure de maîtriser cette partie facilement grâce à un perpétuel renouvellement.

Pourtant, d'après l'enquête, c'est toujours l'un des plus gros problèmes auquel les leaders TI sont confrontés.

# 2. L'assistance technique comme activité première

Certains départements TI voient l'assistance technique comme un mal nécessaire, un coût à réduire et à gérer. Si seulement les utilisateurs arrêtaient d'appeler!

Cela se voit dans la façon dont ils le gèrent. Ils embauchent les techniciens les moins chers qu'ils puissent trouver. Le centre d'assistance est en sous-effectif. Ils n'accordent aucune autorité à leurs techniciens pour prendre des décisions en cours de route. Et le directeur du centre d'assistance a souvent tant de tâches qu'il ou elle ne peut pas passer du temps pour diriger efficacement.

La plupart des services d'assistance sont dans un état pitoyable.

Cependant, ce n'est pas le cas des départements TI de Niveau 4. Pour eux, l'assistance est leur activité principale. Voyons leurs façons de faire

## Interaction facile

«Vous devez créer un billet avant que je ne puisse me pencher sur ce problème.»

Il n'y a pas meilleure façon de faire l'utilisateur se sentir comme un numéro. Ce que cela signifie est :« Vous êtes peut-être confronté à une crise, mais nos processus sont plus importants. Et ne comptez pas sur moi pour faire le travail à votre place».

Lorsque les utilisateurs appellent le centre d'assistance, leur niveau d'anxiété est déjà élevé. Ils essaient d'accomplir une tâche, peut-être même avec une échéance, et leur ordinateur ne coopère pas. Ils ont essayé quelques solutions déjà, sans succès. Ils ne sont pas contents. Et puis, au moment où ils décident d'abandonner et d'appeler à l'aide, ils sont récompensés avec encore plus d'absurdité.

Ce que les utilisateurs détestent le plus, c'est le système infâme du billet. Ils estiment que c'est un obstacle dans le processus d'aide. Ils ne désirent pas d'avoir à la fois à remplir un formulaire et appeler à l'aide.

Néanmoins, aucune organisation TI ne peut fonctionner sans un système de billets. Il permet de suivre, coordonner et gérer la résolution des demandes. Le problème ce n'est pas le système, mais la façon dont il est utilisé par le département TI.

Les départements TI de Niveau 4 font grand usage du système de billets, mais ils ne le laissent pas se mettre en travers d'un bon service. Par exemple, les assistants du centre d'assistance ouvriront les billets eux-mêmes par téléphone au nom du client au lieu de leur demander de le faire, ils simplifient le formulaire de demande pour qu'il ne contienne que les informations les plus importantes et ils ne ferment pas un billet jusqu'à ce qu'ils reçoivent une confirmation de l'utilisateur que le problème a été résolu.

## Heures d'ouverture

Je venais juste de commencer en tant que CIO et je passais en revue les différents processus. Il y en avait bien entendu un bon nombre.

Ensuite, j'ai examiné le système pour soumettre des problèmes au centre d'assistance. Il n'y avait pas de numéro de téléphone : tous les billets devaient être envoyés par le site web. Si cela n'était pas suffisamment agaçant, le centre d'assistance n'était ouvert que de 8h30 à 16h30. Cela aurait eu du sens s'il s'agissait d'employés de bureau, mais nous assistions vingt-deux usines qui fonctionnaient vingt-quatre heures par jour, sept jours par semaine.

La justification de l'équipe était que quelqu'un était toujours joignable pour des questions critiques, mais si quelqu'un appelait pour un problème banal, il était refusé.

Le message était clair, n'appelez pas. Un grand panneau « Allez-vous-en » n'aurait pas été plus efficace.

## Soutenir les utilisateurs

Mis à part leur ordinateur, la vision des TI pour les utilisateurs est le centre d'assistance. En fait, les utilisateurs contactent le centre d'assistance une fois par mois en moyenne.

Par contre, le centre d'assistance n'est pas le meilleur endroit pour développer une bonne réputation. Après tout, les utilisateurs appellent uniquement quand ils ont un problème et ils sont peut-être déjà dans un état de grande anxiété, de stress ou même de panique. Tout ce qu'ils veulent, c'est que leur problème soit résolu aussi rapidement que possible, afin qu'ils puissent retourner à ce qu'ils faisaient. Le centre d'assistance fournit une bonne occasion à n'importe quel département TI de se faire des ennemis mortels (ou presque).

Grâce à nos études, nous avons identifié les principaux paramètres par lesquels les utilisateurs jugent le centre d'assistance :

- Compétences
- Qualité

## Compétences

Il y a quelques années, ma femme et moi cherchions un orthodontiste pour notre fille. Voulant être de bons parents, nous avons décidé de visiter au moins trois orthodontistes et tenter de choisir le meilleur.

Nous avons donc demandé à nos amis de nous recommander leurs orthodontistes et avons pris rendez-vous. Nous avons parlé de nos critères, ce qui était important pour nous et ce que nous cherchions à obtenir du traitement. Nous avons passé des jours à visiter les cabinets et à discuter avec les dentistes. Mais nous sommes rapidement arrivés à une évidence : nous n'avions aucun moyen de distinguer un bon dentiste d'un très bon dentiste.

Je n'en sais pas assez sur les dents pour faire cette évaluation. Pour moi, ils sont tous les mêmes. Bien sûr, je peux détecter un mauvais dentiste. Il sera hésitant. Il répondra aux questions d'une manière embrouillée. Mais ceux qui sont au-dessus de «moyen» sont tous similaires pour moi.

En fin de compte, nous avons fini par choisir celui qui inspirait la confiance. Il nous a parlé de la procédure, était gentil et chaleureux et a pris son temps. Donc à la fin, nous avons choisi le dentiste en fonction de son bon service client, pas de ses compétences techniques.

La même chose vaut pour les utilisateurs. La plupart d'entre eux savent peu de choses sur les TI. Ils ont peut-être un ordinateur à la maison et sont en mesure de régler la majorité des problèmes mineurs, mais c'est tout.

Mais ce à quoi les utilisateurs *sont* bons, c'est de reconnaître un mauvais service client. Tout technicien qui ne prend pas le temps d'écouter le problème, ou qui est brusque ou fait preuve de mépris, sera toujours débusqué. En fait, les compétences de service client sont deux fois plus importantes que les compétences techniques.

Les organisations de forte valeur ajoutée offrent en moyenne, par an, huit heures de formation à leurs techniciens sur les compétences de service client : étiquette de l'utilisation appropriée du téléphone, résolution de problèmes, gestion du stress, tous les outils dont les techniciens ont besoin pour interagir avec succès avec les utilisateurs. Les gestionnaires écoutent aussi des appels et lisent des courriels pour mieux former les techniciens. Pour eux, le service client est non seulement une priorité, mais une préoccupation quotidienne.

## Qualité

Combien d'utilisateurs se plaignent quand un problème n'est pas résolu comme ils le souhaitent? Selon nos recherches, moins de 5%. Les utilisateurs ne rappellent pas le centre d'assistance si le problème ne les empêche pas de faire leur travail. Mais nous savons que, en informatique, un problème pourrait en cacher un deuxième et un troisième. Comment pouvons-nous nous assurer que les utilisateurs nous rappellent?

Les services à forte valeur n'attendent pas l'appel téléphonique, ils appellent eux-mêmes.

Quand un problème est inhabituel, ils ne manquent pas d'appeler l'utilisateur un ou deux jours plus tard pour s'assurer que le problème est toujours résolu. Cela permet de traiter tous les problèmes de façon proactive. Cela montre aussi à l'utilisateur que le département TI se soucie de ses problèmes; qu'il n'est pas seulement un numéro ou un billet à fermer.

## Une occasion de briller, ou d'échouer

Il faut sept interactions positives pour effacer une interaction négative. Avec environ douze contacts par an, le centre d'assistance ne peut pas se permettre d'échouer trop souvent.

Les départements TI à forte valeur insistent pour que toutes les interactions avec l'utilisateur soient positives. Cela ne signifie pas qu'ils se plient en quatre pour répondre aux besoins des utilisateurs. Ce serait irréaliste. Cela signifie plutôt qu'ils traitent chaque interaction avec courtoisie et respect de l'usager et de son temps.

Ils se rendent compte aussi que tout ceci n'arrive pas par accident. Cela nécessite un grand effort. Cela signifie que les processus sont documentés, les mesures sont en place et un gestionnaire est responsable et dirige l'équipe dans la bonne direction. Les départements TI de Niveau 4 gèrent activement le service.

# 3. La personnalisation des services

Les départements TI réduisent les coûts grâce à la standardisation. Moins de types d'ordinateurs, d'équipement et de logiciels sont nécessaires, moins ils coûtent à acheter et à entretenir. En fait, si tout le monde avait le même équipement, tout serait beaucoup plus simple.

Mais la réalité est différente. Nous ne sommes pas tous pareils et nous n'avons pas tous les mêmes besoins. Essayer d'instaurer une solution standard laisse tout le monde insatisfait. Quelqu'un sur la route voudra un ordinateur léger, facile à transporter alors qu'un expert d'Excel demandera un écran plus grand.

Les départements TI de Niveau 4 ont trouvé un moyen de répondre aux besoins spécifiques des utilisateurs sans perdre de vue la normalisation. Ils reconnaissent que tout le monde ne peut être servi avec la vision « de bureau ou portable ». C'est pourquoi ils ont développé des profils utilisateurs, ou *Persona*.

Les *Persona* représentent les besoins d'un segment particulier de la population. Ils partagent les mêmes besoins et peuvent donc recevoir le même type d'équipement et de services.

Les *Persona* sont basées sur les besoins des utilisateurs et non pas sur leur emploi ou leur statut. Ainsi, deux vendeurs pourraient avoir le même titre, mais être dans des *Persona* différentes.

Chaque organisation a plusieurs *Persona*, mais les six suivantes sont typiques comme point de départ :

- Les employés de bureau : les utilisateurs informatiques les plus standards, ils ont assis à leur bureau et utilisent les systèmes de base et les applications de productivité.

- Les utilisateurs avancés : travaillent avec des applications avancées ou énergivores (autocad, montage vidéo, etc.). Ils exigent un niveau de contrôle de l'équipement supérieur. Cela comprend également les employés de bureau qui aiment expérimenter avec de nouvelles applications.

- Les travailleurs mobiles : toujours sur la route, ils ont besoin d'accéder rapidement à leurs systèmes sans se casser la tête.

- Les gestionnaires / les professionnels : ils passent leurs journées à vérifier leurs courriels et courent d'une réunion à l'autre.

- Les directeurs : comme les professionnels, mais en plus, ils voyagent beaucoup. Ils ne comptent pas leurs heures et travaillent les en-dehors des heures de bureau.

- Les utilisateurs occasionnels : n'ont pas besoin d'un ordinateur pour eux seuls. Ils peuvent utiliser un équipement partagé, un appareil mobile ou un ordinateur à la maison.

L'intérêt de créer des *Persona* est de pouvoir ensuite développer des solutions adaptées aux besoins des utilisateurs. Chaque *Persona* a un modèle d'équipement spécifique qui lui est attribué, ainsi qu'une configuration et une image spécifiques. Les départements TI font de grands efforts pour adapter chaque ensemble à leurs besoins.

Par exemple, un département TI a même configuré le *WiFi Starbucks* à leur image pour les personnes mobiles. Après tout, *Starbucks* est leur deuxième bureau.

Ce concept de *Persona* permet aux départements TI de rester en contact avec les besoins réels des utilisateurs.

# 4. La mesure de la satisfaction

Comment savez-vous si vous avez livré l'essentiel? Pour les départements TI de niveau 4 c'est simple : ils le demandent aux utilisateurs.

La définition d'« essentiel » peut être différente en fonction de la communauté des utilisateurs. Ce que vous pensez être un ordinateur performant pourrait être insuffisant pour leurs besoins quotidiens. Les enquêtes de satisfaction utilisateur sont un moyen facile et fiable pour mesurer l'essentiel.

*La satisfaction* est la différence entre le service fourni et le service attendu. Si le service délivré dépasse les attentes de l'utilisateur, celui-ci sera probablement satisfait. Mais si le service rendu est inférieur aux attentes de l'utilisateur, il sera insatisfait.

## La satisfaction mesure l'essentiel

Les départements TI ont toujours été bons pour gérer et pour mesurer la partie performance du service. Ils comprennent ce qu'il faut pour offrir un bon service et essaient d'améliorer leur offre de services au fil du temps. Personne ne se lève le matin avec l'intention de donner une mauvaise qualité de service.

Par contre, les attentes des utilisateurs sont difficiles à mesurer. Les enquêtes de satisfaction sont un moyen facile de mesurer et de changer les attentes.

## La satisfaction en tant que mesure de la performance

Les départements TI de Niveau 4 mesurent non seulement la satisfaction, mais ils le font mensuellement. Cela leur permet de traiter la satisfaction comme tout autre indicateur majeur de la performance.

Bien sûr, aucun utilisateur ne voudrait être interrogé chaque mois, c'est pourquoi les départements TI utilisent un échantillon de sujets différent chaque mois. La rétroaction est continue, sans avoir à harceler les utilisateurs.

Les départements TI de Niveau 4 obtiennent deux principaux avantages en mesurant la satisfaction tous les mois.

## 1. Ils comprennent mieux ce qui motive la satisfaction

Si vous mesurez régulièrement la satisfaction, vous avez plus de chances de comprendre l'impact des décisions prises. Par exemple, on pourrait voir que la mise à jour du système d'exploitation a eu un impact négatif sur la satisfaction des utilisateurs. Puis, l'équipe a utilisé cette information pour apporter des modifications, et la satisfaction est remontée. Plus tard, le projet de renouvellement du bureau a eu un impact positif durable sur la satisfaction des utilisateurs.

Nous pourrions également voir les variables qui ont un impact sur la satisfaction : l'emplacement de l'utilisateur, le type d'équipement, l'âge de l'équipement et le type d'utilisateur. Par exemple, si nous voyons qu'un bureau particulier a une faible satisfaction, on peut déduire que ce site souffre de problèmes de performance propres à cet emplacement (comme le réseau par exemple). Cela permet de prendre des décisions fondées sur des faits solides et non sur des impressions.

## 2. Cela motive l'équipe

*Ce qui est mesuré est fait.*

Si je me pèse dans la matinée, il y a des chances que je ne mange pas de dessert le soir. Tout simplement, le fait d'avoir cette boucle de rétroaction constante contribue à motiver les gens à rester sur la bonne voie.

Les départements TI de Niveau 4 utilisent la satisfaction comme un outil de motivation pour encourager leur équipe. Lorsque la satisfaction monte, ils analysent ce qui a fonctionné. Quand elle baisse, ils l'utilisent pour rappeler à tous l'importance des comportements de tous les jours.

Être concentré sur les projets signifie qu'il est facile de perdre la trace des tâches banales. Faire un rappel constant nous aide à rester sur la bonne voie.

## Il est impossible de satisfaire les utilisateurs

*« Les utilisateurs veulent tout! C'est impossible de les satisfaire! »- CIO d'une entreprise manufacturière*

Il est tentant de penser que les utilisateurs veulent tout avoir. Après tout, ce n'est pas eux qui paient pour les services.

Mais en fait, nous constatons que les utilisateurs ont tendance à être très raisonnables dans leurs attentes. La plupart des utilisateurs veulent simplement avoir les outils dont ils ont besoin pour faire leur travail. Très peu d'utilisateurs ont des attentes disproportionnées. Après tout, ils ont travaillé pour différentes organisations et savent ce qui est réaliste.

## La satisfaction est dispendieuse

L'une des excuses les plus courantes pour éviter de se concentrer sur la satisfaction que les dirigeants me donnent, c'est qu'ils n'ont pas le budget pour cela. « Bien sûr, si vous avez un énorme budget TI, alors il est facile de répondre à vos utilisateurs, mais nous avons du mal à joindre les deux bouts! »

On peut donc se poser la question : quel est le coût pour satisfaire les utilisateurs?

Une étude a comparé le budget TI et la satisfaction de l'utilisateur. Elle a comparé différents départements TI de plusieurs industries et tailles d'entreprise. Nous nous attendions à ce que l'organisation avec le plus faible budget informatique ait des utilisateurs très insatisfaits, tandis que celles avec des budgets énormes ont des utilisateurs en extase.

Au lieu de cela, l'étude n'a trouvé aucune corrélation entre le budget et le niveau de satisfaction. Il est impossible de prédire le niveau de satisfaction des utilisateurs en se basant uniquement sur le budget.

Je suis d'accord qu'il est plus facile de se concentrer sur la satisfaction lorsque vous avez le budget et le personnel disponibles, mais cela ne devrait pas être une raison pour ne pas essayer.

## Les utilisateurs seront toujours insatisfaits

Les leaders TI répètent souvent le cliché qu'il y aura toujours des utilisateurs mécontents. Cette phrase est comme une litanie pour certains, utilisée en réponse à chaque plainte contre leurs services. « Quelqu'un au service financier s'est plaint du temps de réponse de l'application. » « Il y aura toujours quelqu'un de mécontent. »

C'est peut-être vrai. Après tout, nous ne pouvons pas satisfaire tout le monde tout le temps. Cependant, nous pouvons satisfaire la plupart des gens, la plupart du temps.

L'utilisation de ce type de langage devient un moyen pour les leaders TI d'accepter les utilisateurs mécontents.

En fait, les organisations très performantes ont moins de 1% de médisants. Satisfaire presque tout le monde *est* possible.

## Je le saurais si les utilisateurs étaient mécontents

« Nous avons une culture très ouverte - personne n'hésite à se plaindre. Je n'ai pas besoin de me mesurer, ils me le diraient s'ils n'étaient pas satisfaits. »

Êtes-vous satisfait de chacun de vos fournisseurs? Est-ce que vous vous êtes plaints? La réalité est que peu de gens se plaignent quand ils ne sont pas satisfaits.

Pourquoi les utilisateurs ne se plaignent-ils pas? Il y a trois raisons principales à cela :

1. Ils ne savent pas à qui se plaindre. À moins que vous fournissiez des instructions claires pour que les utilisateurs déposent une plainte, ils ne savent pas à qui s'adresser. Quand on a posé la question, seulement 14% des utilisateurs connaissaient le nom de la personne responsable des TI.

2. Ils ne pensent pas que cela va changer quelque chose. Soit ils se sont plaints dans le passé (ou un de leurs collègues l'a fait) et rien n'a changé, soit ils ne vous croient pas capable d'un changement.

3. Ils ont peur des représailles. Ils craignent qu'il y ait des conséquences à subir s'ils se plaignaient. Mauvais service, perte de soutien, etc.

Les entreprises de ventes au détail prennent les plaintes au sérieux parce que seulement 4% des clients mécontents se plaignent. Les autres vont ailleurs (ils achètent dans un magasin différent) ou se plaignent à leurs amis et à leur famille à la place. Seule une personne sur vingt leur dit quand il y a un problème, de ce fait, ils font de leur mieux pour y remédier.

### « Mais je ne reçois pas de plaintes »

Si vous ne recevez pas de plaintes, cela veut forcément dire que votre service est impeccable, non? Considérez ceci : le top 5% des départements TI reçoivent, en moyenne par an, des plaintes de 3% de leurs utilisateurs. Par conséquent, la vraie question à se poser est : êtes-vous meilleur que le top 5% des départements TI, ou vos utilisateurs ont-ils abandonnés?

Chaque communication du département TI devrait inclure un lien ou un numéro de téléphone pour que les gens puissent exprimer leurs préoccupations, avec la garantie de l'anonymat.

## Devenir un Niveau 4. L'Essentiel

Pour que les utilisateurs soient engagés, ils doivent d'abord ne pas être mécontents. Si les systèmes sont lents, difficiles à utiliser ou peu fiables, les utilisateurs ne pourront pas compter sur ceux-ci pour faire leur travail. Ils feront le minimum requis pour s'en sortir. D'autre part, si l'essentiel est en place, ils ont une plateforme solide sur laquelle ils peuvent compter. Nous ne parlerons pas de la façon dont vous pouvez gérer l'infrastructure. Vous êtes probablement déjà en contrôle. Nous parlerons plutôt de comment s'assurer que vous avez répondu aux besoins de chacun.

Nous avons vu précédemment qu'il n'y a qu'une seule façon de savoir si les utilisateurs sont satisfaits : leur demander. Nous ne pouvons pas compter sur les plaintes (moins de 4% des utilisateurs se plaignent) ou sur les leaders affaires, ils ne sont souvent pas au courant de ce genre de détails. Non, pour obtenir de bons retours, à savoir si nous fournissons l'essentiel, nous devons faire une enquête de satisfaction-utilisateur.

### Une fois par an n'est pas assez

50% des départements TI ne mesurent pas la satisfaction des utilisateurs. Quelle en est la principale raison? La première raison est qu'ils ont peur que cela n'entraîne une hausse des attentes; si les utilisateurs mentionnent des problèmes, ils s'attendront à ce qu'ils soient résolus. L'autre raison, c'est qu'ils estiment que ce n'est pas nécessaire.

Soit ils pensent que les utilisateurs sont satisfaits et mesurer la satisfaction n'apporterait aucune valeur ajoutée, soit ils savent que les utilisateurs ne sont pas satisfaits alors ils ne voient pas le but d'y mettre des chiffres.

Nous avons constaté que les deux cas étaient erronés. Les leaders TI sont de mauvais juges de la satisfaction des utilisateurs. Ils passent trop de temps à résoudre les problèmes et donc pensent que tout le monde est mécontent, ou ils sont trop déconnectés des réalités opérationnelles et pensent que tout le monde est satisfait. La réalité est souvent plus au centre.

L'autre 50% mesure la satisfaction généralement une fois par an. Un mois avant l'enquête, tout le monde fait le ménage pour avoir de bons résultats. Les ordinateurs sont réparés, les billets en retard sont résolus, et de nouveaux équipements sont installés. Nous faisons de notre mieux pour augmenter les chiffres. Ensuite, pendant environ un mois après l'enquête, nous passons notre temps à souligner toutes les choses qui pourraient expliquer les mauvais résultats, ou nous nous vantons d'une éventuelle augmentation. Ensuite, nous oublions la satisfaction pendant encore dix mois avant de recommencer le tout.

Mais une fois par an n'est pas assez. Nous avons constaté que les utilisateurs évaluent les six dernières semaines quand ils répondent à des enquêtes de satisfaction. Rien avant, car c'est trop flou. Les utilisateurs ont une appréciation à très court terme des services TI. Donc, bien que votre enquête annuelle puisse montrer de bons résultats, ils pourraient ne plus être valables six semaines plus tard.

Les départements TI de Niveau 4 mesurent la satisfaction mensuellement. Ils mesurent non seulement la satisfaction post-billet, qui ne mesure que la satisfaction de la dernière interaction, mais ils envoient aussi un questionnaire de satisfaction pour mesurer tous les aspects des services TI chaque mois. Toutefois, les utilisateurs seraient bien sûr agacés s'ils recevaient un questionnaire tous les mois. C'est pourquoi ils utilisent une méthode d'échantillonnage statistique pour envoyer l'enquête à une partie des utilisateurs seulement par mois. De cette façon, aucun utilisateur ne reçoit d'enquête plus d'une ou deux fois par an. Cela donne une rétroaction constante sans que personne soit harcelé.

## Fait en 90 secondes

L'un des problèmes des enquêtes est que les utilisateurs mentent. Non pas parce qu'ils sont mal intentionnés, rien de tel, mais parce qu'ils sont pressés. La plupart des enquêtes sont trop longues et posent des questions qui ne sont pas pertinentes. Les gens sont fatigués de répondre aux questions après 90 secondes. Nous avons remarqué que le temps qu'il faut pour répondre à une question réduit de manière considérable après 90 secondes passées sur le questionnaire d'enquête. À un tel point que nous doutons que les répondants aient eu le temps de lire la question, sans parler d'y réfléchir sérieusement.

Nous disposons donc de 90 secondes pour emmener les utilisateurs au cœur de la question. Pourtant, la plupart des enquêtes passent les 90 premières secondes à recueillir des données démographiques (département, rôle, etc.). C'est un gaspillage de bons commentaires. Pour être efficace, votre enquête devrait commencer d'abord par la question importante avant que les utilisateurs aient le temps de perdre patience.

## Anonymat

La deuxième raison pour laquelle les utilisateurs mentent est parce que l'enquête n'est pas anonyme. Les gens ont peur d'avoir des ennuis ou de créer des ennuis à quelqu'un du département TI. Quand nous faisons des enquêtes pour nos clients, nous garantissons l'anonymat des utilisateurs. Le département TI n'obtient jamais les données sur leurs réponses spécifiques. Cela aide à obtenir des réponses fiables. Les utilisateurs savent qu'ils peuvent être honnêtes sans conséquence. Mais que faire si vous conduisez l'enquête vous-même?

Soyez très clair à propos des personnes qui auront accès aux données. Rassurez l'utilisateur que personne du département TI ne verra ses réponses individuelles. Et tenez-vous-y. C'est tentant d'essayer de mettre des noms sur les commentaires ou les notes. Ne le faites pas. Cela se saura et vos futures enquêtes seront inutiles.

## L' « Enquête la plus rapide de tous les temps »

Trop souvent, les enquêtes tentent d'inclure des questions de diagnostic afin d'identifier les problèmes. Évidemment, ces questions ne sont utiles que si vous avez pensé à tous les types de problèmes potentiels qui peuvent survenir. Et cela n'a pas de sens de les exhiber aux utilisateurs qui ne pensent même pas qu'il y ait un problème.

Une enquête de 15 minutes qui essaie de couvrir tous les scénarios possibles finira par faire perdre votre temps et celui des utilisateurs. Pourquoi? Les utilisateurs sont évidemment mauvais pour diagnostiquer des problèmes. Un utilisateur trouve son ordinateur lent. Est-ce que c'est à cause de leur ordinateur personnel? De tous les logiciels malveillants qu'ils ont installés par erreur? Ou à cause du réseau interne, relié à l'Internet? Ou à cause de la performance de l'application qu'il utilise le plus souvent? Les utilisateurs sont généralement incapables de faire la distinction.

L'enquête auprès des utilisateurs sert à mettre en évidence que le problème existe. Mais à côté de cela, elle a peu d'utilité de diagnostic. Il est préférable d'utiliser les drapeaux d'avertissement et les combiner avec l'analyse afin de résoudre les vrais problèmes.

Voici un exemple d'une enquête plus simple que vous pouvez utiliser pour obtenir des résultats étonnants.

Quelle est votre satisfaction envers les services TI?

(1 = très insatisfait, 7 = très satisfait)

| 1 | 2 | 3 | 4 | 5 | 6 | ⦿ 7 |

Quelle est votre satisfaction pour chacun des items suivants:

(1 = très insatisfait, 7 = très satisfait, NA = non applicable)

| | NA | 1 | 2 | 3 | 4 | 5 | 6 | 7 |
|---|---|---|---|---|---|---|---|---|
| Équipement (ordinateur, cellulaire, imprimantes, réseau, etc) | | | | | | | | ⦿ |
| Centre d'assistance TI (support téléphonique, support en personne) | | | | | | | | ⦿ |
| Applications (support, maintenance, évolution) | | | | | | | | ⦿ |
| Projets | | | | | | | | ⦿ |
| Communications des TI (avis, notifications, etc) | | | | | | | | ⦿ |

C'est le point de départ de l'enquête que nous utilisons pour nos clients. Le questionnaire est très simple et ne prend que quelques secondes à remplir. Cela donne deux avantages : les gens seront heureux de le remplir et les réponses seront pertinentes. Bien sûr, notre enquête comporte également des questions supplémentaires qui s'affichent en fonction des résultats précédents. Mais même sans celles-ci, cette enquête permet de découvrir des tendances intéressantes.

## Analyser les résultats

L' « Enquête la plus rapide de tous les temps » produit un rapport d'analyse étonnamment long. La raison est que l'on connaît déjà un peu nos utilisateurs. Vous n'avez pas à leur demander le département auquel ils appartiennent, vous le savez déjà. Vous n'avez pas à leur demander quel type d'équipement ils ont, l'emplacement de leur bureau ou encore la fréquence d'appel au centre d'assistance. Ces informations sont déjà à votre disposition. Mais bien sûr, pour cela, il faut suivre les réponses, d'où le besoin de confidentialité.

Cela nous permet de comparer la satisfaction sur plusieurs dimensions. Parmi les dimensions les plus intéressantes que nous avons vues il y a :

- Le département : c'est une dimension évidente et nécessaire. Elle sera utilisée dans le plan de partenariat plus tard. Elle montre aussi comment les départements varient dans l'utilisation et les attentes des services TI.

- Géographie : différents bureaux, localités ou villes / pays peuvent mettre en évidence des problèmes qui sont particuliers à une zone.

- Années de service : cette dimension est également intéressante. Par exemple, les nouveaux employés avec un faible score montrent souvent des lacunes lors du processus d'embauche et peuvent être dus à un manque de gestion des attentes. L'insatisfaction des employés avec trois ou quatre ans de service montre souvent des équipements qui sont en fin de vie. Accélérer le processus de rajeunissement peut produire des résultats rapides pour accroître la satisfaction.

- Nombre de billets par mois : les gens qui appellent régulièrement le centre d'assistance sont plus ou moins satisfaits des TI?

- *Persona* utilisateur : si vous avez assigné l'utilisateur à une *Persona*, il serait alors intéressant de voir la satisfaction au niveau du groupe. Est-ce que vos normes sont adéquates?

- Équipement : quel type d'équipement ont les utilisateurs? Les gens sont-ils plus heureux avec des ordinateurs portables ou des ordinateurs de bureau? Est-ce que le nouveau modèle d'ordinateur est meilleur que le précédent?

## Les indicateurs de satisfaction sont le moteur du changement

Les résultats de la satisfaction peuvent alors nous aider à faire des plans afin d'améliorer la situation. Il est tentant de créer une grande liste de recommandations et essayer de les travailler toutes à la fois. C'est le meilleur moyen pour que tout le monde déteste le programme. Et de plus, ça ne fonctionne pas très bien. Plusieurs des questions sont dépendantes l'une de l'autre ou ont des causes communes. Nous avons

41

trouvé qu'il est préférable de se concentrer sur deux ou trois problèmes par mois. Cela donne une charge de travail raisonnable au service d'assistance technique ou à l'équipe d'infrastructure et permet d'observer un progrès continu dans le temps. Cela met tout le monde dans un état d'esprit d'amélioration continue.

Cela crée également un état d'esprit de gestion scientifique. Lorsque nous avons un problème, nous trouvons une solution et si ça fonctionne, nous testons alors pour voir si le problème est effectivement résolu. Le fait que les données de sondage soient renouvelées chaque mois permet de voir l'impact réel d'un plan d'action. Les équipes peuvent suivre un processus systématique de diagnostic du problème, élaborer une hypothèse de la cause, effectuer des actions pour résoudre le problème et utiliser les enquêtes des mois à venir pour confirmer les hypothèses. Est-ce que la satisfaction s'est améliorée? Alors, l'hypothèse était probablement la bonne. Est-ce que la satisfaction est stable ou en baisse? Alors, notre hypothèse était fausse, il faut revenir au point de départ.

Diagnostic -> Hypothèse -> Éléments d'action -> Mesure

Vous verrez ci-dessous un véritable plan gracieusement partagé par l'un de mes clients pour servir d'exemple.

| Question | Mesure à prendre | Résultat |
|---|---|---|
| Le bureau d'Albany a une satisfaction de l'équipement inférieure à la moyenne | Enquêter s'il s'agit d'un problème réseau | Mars :Travail avec le fournisseur de télécommunications pour résoudre le problème.<br><br>Avril : La satisfaction retourne à la normale. |
| Les *persona* de professionnels mobiles insatisfaits de la performance CRM | Travailler avec le fournisseur pour investiguer sur les problèmes de couverture / vitesse<br><br>Travailler avec l'équipe opérationnelle pour vérifier les paramètres mobiles<br><br>Suivre l'utilisateur sur le terrain pour comprendre le mode d'utilisation. En ressort une utilisation non optimale des outils. Former à nouveau les utilisateurs. | Mai : Aucune différence dans la satisfaction<br><br>Juin : Légère amélioration de la satisfaction<br><br>Juillet : En ressort une utilisation non optimale des outils utilisateurs concernés formés de nouveau<br><br>Août : La satisfaction retourne à la normale |

Nous voyons dans l'exemple précédent que l'enquête de satisfaction des utilisateurs a fait ressortir la question de la performance du réseau dans l'un des bureaux satellites, quelque chose qui serait resté en dehors du radar, car même si c'était gênant, personne n'avait contacté le soutien technique. Nous voyons aussi que la force de vente a souffert de la faible performance du CRM sur les appareils mobiles. Après quelques expériences, ils ont compris que ce n'était pas un problème de système, mais un problème d'utilisation. Ils ont formé à nouveau les utilisateurs (par courriel avec une vidéo de deux minutes) et le problème a disparu.

## Voyez-le en action

Voyez l'enquête en action et consultez un exemple d'analyse sur :

**GreenElephantTeam.com/VCTI**

## Supprimer les obstacles

Nous avons déjà parlé de la conséquence d'une mauvaise performance de l'équipement sur le stress et la perception de la valeur. Intuitivement, nous sommes tous d'accord que si les systèmes sont lents et frustrants, les utilisateurs feront le minimum requis. Ils n'iront certainement pas explorer, expérimenter et généralement jouer avec le système.

Le problème avec les irritants, c'est qu'ils deviennent rapidement invisibles. Ma fille va à une école internationale. Comme on pourrait le deviner, ils favorisent l'ouverture au monde par l'apprentissage d'autres cultures et langues. Pour mettre cela en valeur, ils ont six horloges différentes à l'accueil, chacune représentant une ville différente sur un fuseau horaire différent. Le concept est génial, sauf qu'aucune des horloges ne fonctionne. Il semble que leurs piles se sont épuisées il y a un moment déjà. Quand? Et bien, il y a au moins six ans. Je l'ai remarquée quand ma fille est entrée en maternelle. Six ans plus tard, elles ne fonctionnent toujours pas.

Lorsque nous passons tout notre temps au même endroit, ces choses deviennent invisibles, mais quand vous êtes nouveau, elles sont flagrantes. Si vous avez déjà eu des gens qui visitent votre maison avant une vente, vous avez probablement remarqué les différents petits problèmes dans votre maison, jusqu'alors invisibles (peinture manquante par endroits sur le plafond, poignée manquante sur un tiroir). À peine perceptibles auparavant, ils semblent maintenant briller dans l'obscurité.

Trouver les irritants nécessite souvent un regard neuf. Il est difficile d'y arriver en restant assis à notre bureau.

> **Des stratégies pour trouver les irritants :**
>
> Demandez-le aux utilisateurs : ils vivent probablement avec plusieurs petits désagréments qui ne valent pas la peine de prendre le temps d'appeler le centre d'assistance.
>
> Demandez-le aux nouveaux employés : tout est nouveau. Les petits problèmes sont probablement très évidents pour eux.
>
> Utilisez les espaces communs : utilisez les imprimantes du département, les salles de conférence, l'accès WiFi dans les différents départements.
>
> Gardez une liste : notez les facteurs d'insatisfaction lorsqu'ils sont identifiés et corrigés. Cette liste permet de mieux planifier les initiatives futures, mais aussi de suivre les progrès au fil du temps.

## Quels sont les irritants?

Mais bien sûr, l'ordinateur n'est que la pointe de l'iceberg, pour ainsi dire. Le TI dépend d'innombrables infrastructures : serveurs, réseaux, applications, bases de données, etc. Tous doivent fonctionner pour que l'«ordinateur» fonctionne. Maîtriser l'infrastructure est une condition préalable à la valeur commerciale. Les départements TI qui n'ont pas un minimum de stabilité et de performance ne seront pas en mesure de fournir une expérience-utilisateur adéquate. Outre les performances de l'ordinateur, quels sont les principaux irritants valables partout? Nous avons analysé les données d'enquête et avons trouvé cinq thèmes récurrents qui ont un impact sur la satisfaction.

### L'installation des applications

Les départements TI ont tendance à verrouiller les ordinateurs, empêchant les utilisateurs d'installer de nouvelles applications. La raison est simple : cela aide à garder l'ordinateur sécurisé et réduit le nombre de problèmes éventuels et donc le nombre d'appels au centre d'assistance.

Mais cela a également une autre conséquence : cela menotte les utilisateurs.

Il existe plusieurs outils et services qui peuvent rendre plus facile la vie de l'utilisateur, et sont libres de droits ou peu dispendieux. Toutefois, le processus pour avoir l'accès à ces outils est si difficile que la plupart des utilisateurs préfèrent faire sans.

Au lieu de cela, ils commencent à utiliser une application disponible sur le web, sans que le TI soit au courant.

## L'imprimante du service

*« Ce n'est quand même pas compliqué de changer la cartouche d'encre! »*

Nous entendons souvent des techniciens TI se plaindre que les utilisateurs ne changent pas la cartouche d'encre des imprimantes. Les boîtes sont là; ça ne prend que quelques minutes. Pourquoi ne le font-ils pas? Ma réponse est toujours la même « Quand la machine à café est vide, en faites-vous une nouvelle? »

Le problème avec les biens communs, tels que les imprimantes et les machines à café, est que personne ne se sent responsable. C'est toujours le problème de quelqu'un d'autre. Après tout, nous pouvons toujours vivre sans café, de la même façon que notre document peut attendre quelques heures, au moins jusqu'à ce que quelqu'un d'autre change la cartouche.

Mais il y a toujours quelqu'un qui fait le travail. Quelqu'un qui a besoin de documents immédiatement pour une réunion importante doit changer la cartouche d'encre, et ce, au risque de ruiner son costume tout propre. Voilà comment ces gens finissent par changer un nombre injuste de cartouches d'encre par rapport aux autres.

Est-ce que c'est la responsabilité du TI de changer la cartouche? Pourquoi pas? Si c'est une tâche facile pour les utilisateurs, ça devrait l'être aussi pour le TI. La plupart des imprimantes émettent un signal lorsque la cartouche est faible. Intégrer ceci dans les habitudes du centre d'assistance permettrait aux techniciens de planifier les changements de cartouche. En plus, pendant qu'ils sont là, ils peuvent inspecter l'équipement et s'assurer qu'il est propre, qu'il fonctionne correctement et qu'il fait son travail.

### La salle de conférence

Bien sûr, ce qui est le plus frustrant dans l'utilisation d'une salle de conférence de nos jours est tout simplement d'en trouver une. Il semblerait que les salles de conférence deviennent très difficiles à trouver. Ce n'est que la première étape.

La partie la plus amusante d'une réunion est quand le présentateur essaie de projeter sa présentation. Le plus souvent, le câble est trop court, rendant l'utilisation possible que d'un seul fauteuil. Ensuite, il y a l'adaptateur lui-même : un bon vieux VGA ou HDMI? Et le classique : est-ce que le projecteur reconnaîtra l'ordinateur du premier coup? C'est encore mieux quand nous utilisons ce qu'on appelle des « équipements intelligents ». Le tableau blanc électronique devient plus un cauchemar qu'un véritable allié.

Nous n'avons même pas parlé de l'accès au réseau pour les gens de l'extérieur de l'organisation. Certaines entreprises ont encore besoin d'appeler le centre d'assistance; pas pratique quand dix personnes attendent que la réunion commence.

Et n'avez-vous jamais été obligé de vous mettre à genoux sous la table, habillé de votre costume le plus dispendieux, pour trouver une prise de courant?

Ces désagréments peuvent avoir un impact majeur sur l'expérience-utilisateur. Appellent-ils le centre d'assistance? Non, ils n'ont pas le temps. Ils feront sans. Il y a eu des cas où un projecteur de la salle de conférence avait été hors service pendant six mois parce que personne n'a pris la peine d'appeler.

### Envoyer des pièces jointes par courriel

Les gens vivent dans leur boîte de courriels. Partager des fichiers et autres est un phénomène courant pour la plupart des professionnels. Pourtant, certaines personnes ont toujours une capacité très faible de boîte de réception. Plusieurs systèmes de messagerie limitent encore la taille des pièces jointes et la taille de la boîte aux lettres. Pourquoi donc?

Le département TI est préoccupé par le coût. Combien en coûtera-t-il si nous devions ouvrir une capacité de stockage pour tout le monde ? Quelles en seraient les conséquences ?

Moins que ce que l'on peut s'imaginer.

Le stockage est bon marché et la plupart des fournisseurs de courriel offrent un niveau élevé d'espace disque à des tarifs ridicules. Pourquoi les utilisateurs ne peuvent-ils pas obtenir au moins l'équivalent de ce qu'ils obtiennent gratuitement de Google ?

De plus, assurer un stockage « illimité » est beaucoup moins cher que de jouer au policier.

### Partager avec le monde extérieur

La plupart des départements TI ont rendu facile le partage d'information au sein de l'organisation. La gestion des documents et les outils de collaboration sont monnaie courante, mais peu de départements partagent des informations avec d'autres départements. À la place, ils partagent des informations avec les fournisseurs et les clients.

Un CIO a reçu un appel de *Dropbox*, la société de partage de fichiers. Le représentant de *Dropbox* a informé le CIO que sa compagnie avait plus de 150 clients payants sur *Dropbox*. La compagnie économiserait considérablement si elle choisissait un plan d'entreprise à la place. Bien sûr, le CIO a été choqué ! 150 utilisateurs payants ! Il n'était pas au courant que quelqu'un utilisait le service.

La réalité est que beaucoup de départements ont besoin de partager de gros documents avec le monde extérieur. Le marketing a besoin de partager les campagnes de publicité avec leurs agences. Le service juridique a besoin de partager des contrats et des documents. Le génie doit partager les plans et les dessins CAD avec leurs partenaires de construction. La plupart des organisations ne sont pas bien équipées pour fournir ces outils.

Même si je comprends que les questions de sécurité pourraient limiter vos options, bloquer l'accès sans offrir de solution de rechange est une bonne façon d'encourager les utilisateurs à contourner le système.

Les utilisateurs ne sont pas mécontents. Nous savons maintenant qu'ils sont en bonne position pour être impliqués, mais la satisfaction n'est pas un engagement. Avoir des gens satisfaits de vos services est une chose, les impliquer activement en est une autre. Voyons comment créer l'engagement.

# 2. Engager les utilisateurs

## Les TI sont un monopole

*« Les TI sont un monopole. Pourquoi devrions-nous nous préoccuper de ce que les utilisateurs pensent? »*

Cette réunion a eu un début difficile. J'avais été invité à parler à un groupe de leaders TI à propos du rôle des TI dans les organisations. Nous étions dans un bel hôtel dans une petite ville isolée. L'ordre du jour était simple : comment les départements TI peuvent-ils jouer un rôle stratégique au sein de leur organisation? Nous avons passé la matinée à débattre du fait que personne dans la salle n'était membre du comité exécutif. Ils ont toujours été relégués à un rôle second. Les leaders TI étaient frustrés par leur manque de ressources et de crédibilité, et estimaient qu'ils pourraient y contribuer beaucoup plus. Mais personne dans l'entreprise ne les y autorisait. Ils devaient se battre pour maintenir simplement leur infrastructure dans une forme semi-convenable.

J'ai expliqué l'équation de la valeur commerciale et j'ai rencontré beaucoup de résistance. Ils ont argumenté que le remède à leurs problèmes n'était pas de satisfaire les utilisateurs, mais d'obtenir plus d'autorité. Ils sont restés concentrés sur la recherche de moyens pour que les TI obtiennent cette autorité légitime par des titres ou des normes (sécurité et architecture).

Après avoir écouté pendant quelques heures, j'ai suggéré qu'ils pourraient obtenir cette légitimité en démontrant leur contribution. J'ai ainsi commencé à parler du rôle de la satisfaction de l'utilisateur dans la crédibilité, mais j'ai échoué. Ils demeuraient convaincus que les utilisateurs n'avaient pas d'importance. Nous nous sommes arrêtés pour le déjeuner, et tout le monde est parti de son côté pour rattraper son retard sur les appels et les courriels.

Après le déjeuner, j'ai posé la question clé : « Qui est le vrai client des TI? »

Tout le monde a commencé à dire que le client était celui qui paie pour le service, c'est-à-dire le président / PDG et les cadres. « Très bien, » ai-je dit. « Maintenant, combien de fois avez-vous changé de "client" au cours des dernières années? » Tout le monde s'est mis à rire. Le bureau de la direction semble être une plaque tournante dans la plupart des organisations. J'ai alors demandé : « Combien de ces "clients" étaient vos "utilisateurs" avant? » Les rires se sont arrêtés.

J'avais fait réaliser que les dirigeants ont tendance à manquer de vision à long terme. Ils cherchent à optimiser les coûts ou à augmenter les revenus à court terme, mais leurs utilisateurs seraient avec eux pendant de longues années, ils deviennent peut-être même leurs clients. Négliger les utilisateurs, même si le «client» pense que c'est la marche à suivre, a un prix à la fin : la crédibilité.

Et c'est là que beaucoup de leaders TI ont compris que s'ils manquaient de crédibilité aujourd'hui c'était parce qu'ils ont laissé leurs «clients» décider du programme. S'ils avaient traité leurs utilisateurs différemment quelques années plus tôt, peut-être qu'ils seraient à la table de la direction aujourd'hui.

La réunion a été beaucoup plus facile après cela.

## Engager les utilisateurs

Le département TI a toujours été dans un état d'esprit d'économie. Contrairement aux organisations commerciales, les TI ne génèrent pas de bénéfices en «vendant» plus ou en incitant les utilisateurs à utiliser davantage les services. Moins de ressources les utilisateurs utilisent, plus il est facile de tout faire avec le budget donné.

Le département TI a toujours pensé que « si l'entreprise le demande, alors c'est le problème de l'entreprise si les utilisateurs l'utilisent ou non. » Dans une certaine mesure, ils ont raison. Après tout, les différents départements ont la responsabilité de la gestion de leurs employés et si quelqu'un n'utilise pas correctement les systèmes, c'est à eux de corriger la situation.

Or, la réalité est différente. Les unités opérationnelles n'ont pas les outils, le temps et les connaissances pour s'assurer que leurs employés utilisent correctement les systèmes. Elles ne savent pas si les données sont exactes, si les employés suivent le processus à la lettre ou, pire encore, si les employés utilisent le système tout court.

Les anciennes applications transactionnelles étaient faciles à surveiller. Si un employé n'avait pas saisi un ordre de vente, alors le produit n'était pas expédié. Le processus était rompu, facilitant l'identification du coupable.

Aujourd'hui, les nouvelles applications tirent leur valeur non pas des opérations, mais de leurs capacités collaboratives et analytiques. Dans ces cas, il n'est pas clair si les utilisateurs utilisent le système ou non.

Je parlais un jour avec le chef du département d'intelligence d'affaire d'une organisation de distribution. Il me disait que seulement 15 % des personnes qui devraient utiliser son système le faisaient. Tous les autres faisaient le strict minimum, perdant ainsi de grandes occasions d'optimisation des choix de marchandisage, des décisions de tarification et de promotion.

Les départements TI de Niveau 4 n'attendent pas que les unités ou les utilisateurs maximisent leurs systèmes. Ils le font eux-mêmes. Ils mettent l'accent sur l'engagement de l'utilisateur.

## Définir l'engagement des utilisateurs

La définition la plus simple de l'engagement des utilisateurs est la suivante : si les utilisateurs n'étaient pas obligés d'utiliser vos systèmes, le feraient-ils?

Les utilisateurs impliqués voient la valeur que les systèmes leur offrent sur une base quotidienne. Ces systèmes gagnent de la valeur soit par l'augmentation de la productivité, par la facilité de la collaboration ou par l'intermédiaire de nouvelles informations qui permettent aux utilisateurs de prendre des décisions. Les systèmes ne sont pas là simplement pour suivre un processus transactionnel - ils sont là pour aider les utilisateurs à atteindre leurs objectifs et leur rendre la vie plus facile.

Ainsi, il y a des conditions à la participation des utilisateurs : les Bases doivent être en place en premier. Comme nous l'avons vu dans le dernier chapitre, les ordinateurs lents ou peu fiables inciteront les utilisateurs à faire le strict minimum. Ils éviteront toute frustration inutile. Il faut toutefois noter que d'avoir des utilisateurs satisfaits ne signifie pas que nous avons des utilisateurs engagés.

> **Comment les départements TI de Niveau 4 engagent les utilisateurs**

Les départements TI de Niveau 4 engagent les utilisateurs de trois façons :

1. Ils les forment.

2. Ils communiquent avec eux.

3. Ils mesurent l'engagement.

# 1. Motiver les utilisateurs à se former

Lorsque j'étais CIO, nous avions déployé un nouvel ERP dans l'organisation. Les employés avaient une moyenne de plus de vingt ans de service. Les amener à changer et adopter de nouvelles pratiques d'affaires était difficile.

Un des défis auxquels nous étions confrontés était d'amener les gens à se présenter et à être attentifs pendant les sessions de formation. Puisque c'était quelques semaines avant que le système ne soit déployé, les gens n'avaient pas le sentiment d'urgence. Ils pensaient que le nouveau système allait être similaire à ce qu'ils avaient utilisé dans le passé. Et bien sûr, ils avaient tort.

Pour inciter les gens à se former, nous avons développé un programme de certification. Chaque processus majeur avait une certification à quatre niveaux : *Introduction*, *Bronze*, *Argent* et *Or*. Introduction était le strict minimum requis pour accéder au système. Nous sommes allés jusqu'à empêcher les gens d'obtenir un identifiant utilisateur s'ils n'avaient pas réussi la certification *de base*. Le test était facile et il servait seulement à encourager les gens à continuer.

Une fois qu'ils avaient passé leur test, ils recevaient un diplôme encadré avec un sceau. Certaines personnes n'avaient jamais reçu de diplômes. D'autres avaient quitté l'école depuis plus de vingt ans. C'était le seul diplôme que les employés avaient reçu ces dernières années. Ils en étaient très fiers. La plupart d'entre eux l'ont accroché dans leurs cubicules.

Ce processus de certification a aidé les utilisateurs à participer à la formation. Maintenant, ils avaient un objectif (un diplôme) et une pénalité (pas d'accès au système) s'ils ne continuaient pas le processus. Cela leur a aussi donné une étape d'évolution (Bronze, Argent et Or) pour apprendre et mettre en valeur leurs compétences.

Bien sûr, la gestion de ce programme de formation avait un coût. Il fallait développer les certifications, des tests, l'administration et du matériel (diplômes, cadres, etc.), mais nous pensons avoir eu un retour sur l'investissement (ROI) dans les deux mois simplement en analysant le nombre de questions et d'appels entrants au centre d'assistance. Les personnes ayant une certification plus élevée avaient tendance à appeler moins souvent.

## Feuille de route de la formation

La plupart des projets mettent l'accent sur la formation des utilisateurs au stade de la mise en production. Ils s'assurent qu'ils ont les compétences requises pour utiliser le système efficacement une fois le système déployé. Ensuite, la formation s'arrête, l'équipe du projet est réassignée et la formation devient la responsabilité de super utilisateurs surmenés. Ou pire, elle passe aux oubliettes.

Il est naïf de croire qu'une seule formation est suffisante pour un système aussi complexe qu'un ERP par exemple. La plupart des utilisateurs commencent par faire le strict minimum avec leur nouveau système, en essayant de trouver leurs repères, après un changement si dramatique. Puis, quand ils sont plus à l'aise, ils commenceront à explorer pour savoir comment le système peut devenir plus facile à utiliser ou comment il peut les rendre plus productifs. Et plus tard, ils verront ce que le système peut faire pour eux et trouver des fonctionnalités qu'ils n'avaient tout simplement pas soupçonnées d'exister.

Mais trop souvent, les utilisateurs restent à la première étape. Ils manquent d'accès, de compétences ou de connaissances nécessaires pour étendre l'utilisation de leurs systèmes.

Les départements TI de Niveau 4 ne laissent pas les utilisateurs à eux-mêmes dans ce processus. Ils développent des feuilles de route de formation avec des niveaux d'évolution non seulement pour informer les utilisateurs sur ce que le système peut offrir, mais aussi pour les motiver à atteindre ces niveaux.

Les feuilles de route de formation peuvent être bien définies avec des niveaux de certification (comme nous l'avons vu dans notre exemple) ou informelles, gérées par une série de cours de formation ou d'ateliers. Dans tous les cas, ces démarches aident les utilisateurs à comprendre qu'ils peuvent être plus productifs ou mieux informés qu'ils le sont à l'heure actuelle. Cela leur donne aussi le temps de s'acclimater avec le système au lieu de tout montrer en bloc.

## La formation  prend de nombreuses formes

Les départements TI de Niveau 4 offrent plusieurs types de formation :

- La formation formelle en classe : utile pour le déploiement de nouveaux systèmes;
- Clips / vidéos : utiles pour "comment faire" et pour fournir une formation de mise à niveau;
- Diner-causerie (lunch and learn) : parfait pour mettre en valeur les fonctionnalités utiles;
- Centre d'assistance : utilisé pour fournir une formation rapide, en temps réel.

La formation peut rapidement devenir dispendieuse. C'est pourquoi les départements TI de Niveau 4 permettent aux utilisateurs de s'entraider. Les utilisateurs expérimentés peuvent facilement former d'autres utilisateurs, pendant les diner-causeries, par exemple.

## L'appropriation

La formation peut être la responsabilité de différents groupes au sein de l'organisation. Parfois, les ressources humaines ont tout le budget et les ressources de la formation, tandis que d'autres fois, ce sont les départements eux-mêmes. Les départements TI de Niveau 4 s'approprient le rôle indépendamment de qui en est vraiment responsable.

Ils comprennent que les utilisateurs ont besoin d'une formation appropriée pour profiter au maximum de leurs systèmes. Sans formation, les utilisateurs redeviennent tout simplement passifs, des utilisateurs non engagés.

# 2. Communiquer avec les utilisateurs

Il est facile de penser que nous sommes de bons communicateurs. Après tout, nous envoyons des messages à des utilisateurs et écoutons leurs plaintes. Alors pourquoi cela apparaît-il comme une perte de temps? Pourquoi avons-nous le sentiment que les utilisateurs ne souhaitent pas nous écouter?

Ce que nous prenons pour de l'indifférence est souvent simplement une incapacité à communiquer correctement. Une relation exige une communication constante pour rester dans le radar des utilisateurs. Sans communication, il est facile d'être oublié.

Les organisations de Niveau 4 ont au moins trois interactions par mois avec chaque utilisateur. Qu'est-ce qu'une interaction? Elle peut être l'une de celles-ci :

- Appel au centre d'assistance;
- Suivi d'une demande précédente;
- Courriel / annonce du département TI;
- Enquête de satisfaction;
- Formation.

Cependant, communiquer n'est pas suffisant. La communication doit être planifiée, portant sur le sujet et pertinente.

## Ennuyeux

> *« Je ne vois pas l'intérêt. Nous envoyons tout le temps des courriels, mais personne ne les lit! »*

J'entends souvent cet argument quand je demande pourquoi les départements TI ne communiquent pas plus avec leurs utilisateurs. Ils croient que les utilisateurs ne veulent pas entendre parler d'eux. Pourtant, lorsque nous faisons des enquêtes de satisfaction TI, nous voyons que 78% des utilisateurs veulent être contactés plus souvent par les TI.

En fait, le manque de communication est une cause majeure d'insatisfaction. Les utilisateurs veulent savoir ce qui se passe, quelle sera la suite et comment ils peuvent être de meilleurs utilisateurs. Ils veulent se former, en fonction de leurs propres contraintes de temps. Et surtout, ils veulent savoir que le département TI travaille pour eux.

Personne ne veut s'arrêter et lire les communications actuelles du département TI. Elles sont tout simplement trop ennuyeuses. La plupart des communications ont un niveau de formalisme qui est beaucoup trop élevé, avec un message flou qui est dilué dans une surabondance de textes.

Nous avons analysé plus de deux cents courriels envoyés par des départements TI et avons identifié quatre principaux problèmes : pertinence, fréquence, longueur, accent.

## Pertinence

« Le système ERP ne sera pas disponible de 0:00 à 08:00 le dimanche. » Fantastique. C'est une information importante pour un utilisateur ERP, mais je n'ai pas besoin de voir ce message si je ne suis pas un utilisateur ERP. Il ne fait qu'encombrer ma boîte de réception et me donne envie de jeter le prochain courriel en provenance du département TI.

La paresse a empêché les TI de créer des listes de diffusion ciblées. On envoie un message à tous plutôt que d'envoyer les messages aux personnes concernées seulement. Ceci a un impact sur la pertinence de vos messages pour les années à venir.

## Fréquence

À partir de combien les communications sont-elles trop nombreuses? Si les communications ne sont pas pertinentes, toute communication est de trop. En supposant qu'elles sont pertinentes pour l'utilisateur, une à deux communications par semaine sont bien reçues.

Ceci paraît-il beaucoup? Ça l'est. Nous parlons d'environ huit communications par mois. Combien en faites-vous aujourd'hui? Si c'est moins de trois par mois, les utilisateurs vous oublient.

## Longueur

La longueur moyenne des communications, autant des départements de Niveau 4 que des autres, est presque identique. Les deux ont tendance à contenir environ deux cents mots. La principale différence est que nous pouvons généralement arrêter de lire les messages du Niveau 4 après vingt mots. Tout ce qui est nécessaire pour comprendre la communication est au début du message. Le reste fournit simplement plus d'informations générales à ceux qui pourraient être intéressés. Néanmoins, en lisant simplement les premières lignes, l'utilisateur sait exactement de quoi la communication parle.

## Accent

Combien de sujets le message contient-il? Plus d'un constitue un problème. Les messages les plus réussis ne portent que sur un seul sujet à la fois. Avez-vous deux choses à raconter? Faites deux messages distincts.

## Problème de système

L'un des problèmes auxquels nous étions confrontés était de rendre nos notifications par courriel plus pertinentes. L'objectif est de réduire le nombre d'appels vers le centre d'assistance quand un système est en panne.

C'est toujours un processus frustrant quand un système tombe en panne. D'abord, les utilisateurs pensent que ce n'est arrivé qu'à eux, et ils essayent de réparer leur ordinateur, même de le redémarrer. Ensuite, ils demandent de l'aide aux collègues autour d'eux. Éventuellement, ils appellent le centre d'assistance, pour être mis en attente en raison d'un afflux d'appels pour finalement se faire dire que c'est un problème du système et que «nous y travaillons. Nous ne savons pas quand il sera résolu ».

Pour rendre le processus plus facile pour tout le monde, nous avons créé un nouveau compte de notification par courriel, appelé « État des systèmes ». Chaque notification est composée de deux sujets différents : « XYZ est en panne. Nous vous revenons dès que nous en savons plus », et « XYZ fonctionne à nouveau! Merci. »

Ces notifications ont été envoyées aux utilisateurs dès qu'un problème était soupçonné sur un système. Les utilisateurs savaient alors qu'ils pouvaient cesser de travailler sur celui-ci et passer à autre chose jusqu'à ce qu'ils aient reçu le message de feu vert. Dans le message lui-même, nous avions un grand pouce rouge vers le bas et un grand pouce vert vers le haut. Sans lire le message, il était très évident de savoir de quoi il s'agissait.

Mais la clé de notre succès était la segmentation de la liste. Seuls les utilisateurs spécifiques du système recevaient la notification. Nous avons produit (et géré) une liste de diffusion pour chaque système afin de faciliter cette communication.

Le résultat est net : les utilisateurs n'ont vu que les notifications qui les ont aidés, nous avons réduit le nombre d'appels au centre d'assistance quand un évènement s'est produit et, plus important encore, nous avons réduit la frustration ressentie par les utilisateurs lors de problèmes de système.

## Boucle des réactions

Développer de meilleurs messages, c'est une chose, mais est-ce que cela fonctionne?

Parlez-en avec n'importe qui en marketing et il vous donnera quelques statistiques inquiétantes. Les campagnes marketing par courriel sont considérées comme étant un succès quand elles atteignent un taux de consultation de 4 %. Les campagnes courriel (pas de *pourriel*) concentrées sur les personnes intéressées par leurs produits et services ne sont lues que par une personne sur vingt-cinq destinataires. Peu de gens lisent les courriels.

La plupart des départements TI envoient le courriel et se contentent de supposer qu'il sera lu. Une fois qu'ils appuient sur « Envoyez », ce n'est plus le problème du département TI si l'utilisateur le lit ou non. Ils croient qu'ils ont terminé leur part du travail.

Les départements TI de Niveau 4 ne se contentent pas de cette approche. C'est pourquoi ils prennent le temps de mesurer l'ouverture des courriels et les actions prises.

Certains départements TI de Niveau 4 vont même jusqu'à faire des expériences : ils envoient un courriel différent à deux groupes et déterminent celui qui a le plus de succès : un titre plus long ou plus court, l'utilisation de mots spécifiques («Urgent», «obligatoire », etc.), la tonalité (informel vs professionnel). Cela leur permet de connaître la formule qui fonctionne le mieux pour leur public.

Cela leur permet également d'améliorer l'impact de leurs communications.

De nombreux outils bon marché et faciles à utiliser existent aujourd'hui pour faciliter cela. La seule chose qui empêche les départements TI de conduire de telles expériences, c'est qu'ils ne s'en soucient pas.

## Canaux multiples

Qu'en est-il des canaux de communication? Il semblerait que nous nous concentrions toujours sur le courriel pour les communications d'entreprise, mais il est le moyen de communication le moins préféré de la jeune génération.

Avez-vous considéré les SMS, messages texte, *tweets*, messages *Facebook*, etc.? Le même message peut être communiqué à travers différentes plateformes pour atteindre les utilisateurs. Ceci permet de déterminer la façon dont ils aiment être contactés et être plus susceptibles de réagir.

Les départements TI de Niveau 4 n'hésitent pas à tirer parti des réseaux sociaux pour atteindre les utilisateurs là où ils passent leur temps.

# 3. Mesurer l'engagement

Imaginez ce scénario. Vous êtes assis à votre ordinateur en train de faire les évaluations de votre personnel en utilisant le système RH, mais vous n'avancez pas très vite. Vous êtes perplexe par les catégories et les différents systèmes de notation disponibles. Après une heure, vous décidez d'abandonner et de réessayer plus tard.

Entretemps, vous recevez un courriel des RH vous invitant à visionner un court vidéo de remise à niveau. Vous vous souvenez de la réception d'un courriel similaire il y a quelques semaines, mais à l'époque vous pensiez que vous n'aviez pas besoin. Maintenant, l'idée ne semble pas si mauvaise.

Bien sûr, cette invitation n'est pas arrivée par accident. Le système RH contient plusieurs mesures d'engagement des utilisateurs, dont l'une est le temps qu'il faut pour effectuer une évaluation. Les RH ont évalué qu'il faut une moyenne de quinze minutes pour effectuer une évaluation. Rarement, cela prend plus de trente minutes. Donc, quelqu'un qui passe une heure sur la même évaluation est confronté à des difficultés. Dans ces cas, le système envoie automatiquement un courriel avec le lien vers l'outil de remise à niveau. Aucune pression - tout simplement un courriel rapide qui offre un peu d'aide.

Ce type de veille de l'engagement des utilisateurs peut faire une grande différence dans l'expérience de l'utilisateur. Les utilisateurs ne réalisent pas qu'il y a des façons beaucoup plus faciles de faire les choses, en particulier avec les systèmes que nous utilisons seulement occasionnellement. Ce genre d'action proactive aide l'utilisateur à obtenir de l'aide au moment où il ou elle en a besoin.

Les départements TI de Niveau 4 utilisent des mesures d'engagement pour suivre les utilisateurs à travers leurs systèmes. Cela leur permet d'identifier les utilisateurs devant être formés, quels départements sont les moins engagés et pourquoi, et quels départements génèrent le plus d'erreurs. Ces analyses aident à trouver des moyens pour former les utilisateurs, améliorer le système ou tout simplement rappeler des fonctionnalités utiles, mais peu connues.

## Développer des mesures d'engagement

Plusieurs systèmes permettent de traquer et de mesurer l'engagement des utilisateurs. Bien qu'utiles, ces systèmes peuvent rapidement devenir coûteux.

À cet effet, les départements TI de Niveau 4 n'utilisent pas nécessairement des sous-systèmes complexes. Ils font souvent avec ce qu'ils ont, et la plupart des systèmes contiennent déjà diverses mesures d'engagement de l'utilisateur comme :

- Historique de connexion;
- Création de données;
- Profils de sécurité;
- Rapports d'activité de l'utilisateur.

Ces paramètres peuvent être utilisés comme points de départ pour élaborer des mesures d'engagement. Par exemple, l'historique de connexion nous dit quel type d'utilisateurs ils sont (utilisation quotidienne, hebdomadaire, requête occasionnelle, etc.). Comparer l'historique de connexion d'un utilisateur à celui de ses pairs peut aider à définir s'il utilise le système plus ou moins qu'eux.

Le suivi de la création des données peut également aider. Construire un rapport d'activité montre à quel point l'utilisateur est actif dans le système. Par exemple, dans un système de gestion de documents, un rapport pourrait montrer le nombre de documents créés par mois, le nombre de documents consultés, etc. Il donne une approximation du niveau et du type d'utilisation.

## Est-ce que je l'utilise bien?

Les leaders affaires n'ont pas le temps d'évaluer si chacun de leurs employés est un utilisateur compétent. Il est difficile pour eux de faire face à toutes les questions opérationnelles de leur rôle. Par contre, cela ne signifie pas qu'ils s'y désintéressent.

Tout le monde essaie de faire plus avec moins, et la productivité du système est un facteur important. Les gestionnaires qui obtiennent des données d'engagement peuvent mieux gérer la performance de leurs employés.

Les départements TI de Niveau 4 analysent avec les gestionnaires les niveaux d'engagement de l'utilisateur. Une organisation d'ingénierie qui peine à utiliser le système de gestion de documents pourrait trouver que c'est simplement une question de formation des utilisateurs ou que le système ne répond pas aux besoins des utilisateurs, ce qui peut être arrangé.

Analyser les habitudes d'utilisation et les écarts entre les départements peut aider tout le monde à devenir un meilleur utilisateur plus engagé.

## Devenir un Niveau 4. L'engagement de l'utilisateur

Connaissez-vous vraiment vos utilisateurs? Si vous êtes comme la plupart des départements TI, vous en savez très peu sur eux.

Lorsque nous faisons une enquête de satisfaction des utilisateurs avec nos clients, nous demandons toujours la même chose : une liste des utilisateurs avec le maximum d'informations sur eux. Cela comprend le département, la date d'embauche, la date de naissance, le nombre de contacts avec le centre d'assistance, l'emplacement physique, le type d'équipement, etc. Et dans plus de 50% des cas, nous sommes arrêtés au premier : le département. Il nous est impossible d'obtenir une liste de leurs utilisateurs par département sans avoir à contacter les RH. Ceci peut sembler être la chose la plus élémentaire à savoir sur un utilisateur, mais la réalité est que le département TI n'a jamais eu à en savoir beaucoup à leur sujet, du moins jusqu'à présent.

Au travers les prochaines pages, nous bâtirons un plan pour mieux comprendre les utilisateurs. Nous utiliserons cette compréhension pour adapter les services TI, améliorer la satisfaction et promouvoir l'engagement.

## Pourquoi l'engagement?

En bref, l'engagement de l'utilisateur est la quantité de temps et d'effort que celui-ci met dans l'utilisation des systèmes au-delà du minimum nécessaire pour faire son travail. Un utilisateur avec un engagement faible fera le minimum de ses tâches dans le système. Ceci se limite généralement aux transactions, à des activités de type transactionnelles : entrer une commande client, remplir une feuille de présence, etc.

Les systèmes qui ont tendance à faire une grande différence pour l'organisation ne sont pas les systèmes transactionnels. Ce sont les systèmes de type collaboration et analyse. L'utilisation de ces systèmes n'est pas obligatoire, aucun processus ne brisera s'ils ne sont pas utilisés. Rien ne se passera si un vendeur ne parvient pas à enregistrer chaque appel qu'il fait dans le CRM de la société. Personne ne saura si un membre de l'équipe finance n'entre pas son nouveau modèle d'analyse dans le système de gestion de documents. Malheureusement, il n'y aura aucun bénéfice non plus. Personne ne consultera le CRM parce qu'ils savent que l'information est incomplète. Quelqu'un d'autre construira un modèle identique à celui qui vient d'être développé par le service financier, simplement parce qu'il ou elle ne savait pas qu'il en existait un autre.

Ces systèmes demandent une implication active des utilisateurs. Les départements TI de Niveau 4 comprennent qu'ils ont un rôle essentiel à jouer dans l'engagement des utilisateurs.

## Mesurer l'engagement

Mesurer l'engagement est toujours un défi. Après tout, qu'est-ce que l'engagement? Est-ce que quelqu'un qui se connecte au système ERP pour remplir sa feuille de présence hebdomadaire est un utilisateur engagé? Est-ce que quelqu'un qui passe sa journée à saisir des données fournisseurs est un utilisateur engagé?

Nous aimons utiliser le terme « actes d'engagement » pour définir les différents types d'engagements.

**Actes d'engagement**

Un acte d'engagement est une activité que l'utilisateur fait dans un système et qui peut être mesurée. Voici quelques exemples d'actes d'engagement pour un système CRM :

- Se connecter au système;
- Ajouter un client;
- Ajouter une commande;
- Entrer un appel de service à la clientèle;
- Ajouter un département;
- Saisir une nouvelle interaction avec un département;
- Consulter un rapport de ventes;
- Consulter l'historique d'un client;
- Analyser les chances de réussite par type de département;
- Consulter la liste des opportunités en attente pour les réactiver.

Ce sont toutes des actions que le système CRM peut facilement tracer. Mais ces actions ne sont pas toutes égales. Certaines ont plus de valeur, représentent des utilisateurs plus « engagés » que d'autres. Après tout, je n'ai pas le choix d'ajouter un nouveau client dans le système afin que ma commande passe. Nous appelons ces activités **de conformité rituelle**. L'utilisateur fera le minimum requis pour s'en sortir.

La catégorie suivante des actions est ce que nous appelons **la conformité stratégique**. Ces actions n'ont aucune valeur inhérente pour l'utilisateur, mais sont associées à quelque chose qui a de la valeur. Par exemple, un vendeur pourrait entrer de nouvelles opportunités dans le système juste pour que son rapport d'activités hebdomadaire ait l'air prometteur face à son patron.

Enfin, il y a des actions que l'utilisateur trouve intrinsèquement précieuses pour son travail quotidien. Elles l'aident à conclure une affaire ou à construire de meilleures relations avec ses clients par exemple. Nous les appelons les actions d'**engagement**.

Maintenant, jetons un coup d'œil à nos actions d'engagement dans chaque catégorie.

| Catégorie | Actes d'engagement |
|---|---|
| Conformité rituelle | • Se connecter au système;<br>• Ajouter un client;<br>• Ajouter une commande;<br>• Entrer un appel de service client. |
| Conformité stratégique | • Ajouter un département;<br>• Saisir une nouvelle interaction avec un département;<br>• Consulter un rapport de ventes. |
| Engagement | • Consulter l'historique d'un client;<br>• Analyser les chances de réussite par type de département;<br>• Consulter la liste des opportunités en attente pour les réactiver. |

Nous voyons que toutes les actions n'ont pas la même valeur. Quelqu'un qui saisit des commandes client toute la journée sera dans la zone de conformité rituelle. La personne fait l'action tout simplement parce que son travail l'y oblige, non pas parce qu'elle y trouve une valeur inhérente.

Le problème avec les actes d'engagement, c'est qu'ils varient considérablement d'un système à un autre. Ils varient même d'un type d'utilisateur à un autre. Nous ne pouvons pas espérer que tous les utilisateurs utilisent le système de la même façon.

## Rôles

C'est pourquoi nous employons la notion de rôles pour définir l'utilisation idéale d'un système. Continuons avec notre exemple de CRM.

Il existe généralement trois types de rôles qui utilisent un CRM : un vendeur qui gère ses prospects et ses clients, un directeur des ventes qui suit les performances des vendeurs et les agents du service à la clientèle qui effectuent le suivi des interactions. Chacun de ces rôles a un mode d'utilisation très différent.

| Vendeur | Directeur des ventes | Service à la clientèle |
|---|---|---|
| Saisir de nouveaux prospects (quotidien) | Consulter les rapports (tous les jours) | Consulter l'activité du client (quotidien) |
| Ajouter des activités pour les départements (quotidien) | Définir des quotas et des objectifs de vente (mensuel) | Entrer les nouvelles commandes (jour) |
| Consulter les rapports (hebdomadaires) | | Entrer les demandes de service (tous les jours) |

Nous voyons que le vendeur est bien plus préoccupé par la saisie et la gestion des prospects, et consultera régulièrement le rapport afin de suivre sa performance (et son bonus). D'autre part, le gestionnaire des ventes ne saisit aucune nouvelle information, mais est un lecteur avide de rapports. Enfin, l'agent de service à la clientèle consulte et met à jour les dossiers des clients tous les jours. Il s'agit d'habitudes d'utilisation idéale, chacun avec conformité rituelle, conformité stratégique et des actions d'engagement.

Cela nous donne un point de départ pour mesurer les utilisateurs individuels. Lorsque l'on compare les actions d'engagement de deux vendeurs, nous pouvons voir ci-dessous que le vendeur 1 utilise le système comme prévu, mais le vendeur 2 effectue uniquement les tâches obligatoires. Elle n'utilise pas les rapports du système. Cette personne est susceptible d'être moins engagée avec le système que le vendeur 1. Elle utilise le système parce qu'il le faut. Le jour où le directeur des ventes sera moins assidu sur le suivi de la conformité, l'utilisation du système passera par la fenêtre.

| Actions | Profil | Vendeur 1 | Vendeur 2 |
|---|---|---|---|
| Nouvelles opportunités par jour | 2 | 2 | 1 |
| Activités par jour | 10 | 12 | 2 |
| Rapports consultés par semaine | 2 | 3 | 0 |
| Engagement | | **Élevé** | **Faible** |

## Modèle d'engagement

Les actes d'engagement sont une chose, mais les moments où les utilisateurs s'engagent avec une application peuvent nous en dire long. Prenons l'exemple de deux vendeurs différents. Nous avons examiné le nombre de fois qu'ils ont consulté leur système CRM pendant une semaine donnée. Ils ont tous les deux eu vingt-six actes d'engagement (consulter un fichier, ajouter un client, etc.). Portons toutefois attention à la distribution.

Le vendeur 1 consulte le système presque tous les jours alors que le vendeur 2 fait tout son travail le vendredi. Si nous devions demander aux utilisateurs, il y a des chances que le vendeur 1 trouve plus de valeur dans le système, en l'utilisant continuellement dans le cadre de ses activités quotidiennes. Le vendeur 2 considère probablement le CRM comme étant de la paperasse à remplir pour faire plaisir à son patron. Le reste du temps, il prend des notes dans son agenda, bouts de papiers, serviettes, etc. Ou il utilise un autre système qui est beaucoup mieux adapté à ses besoins, et transfère les informations le vendredi.

Le même nombre d'actes d'engagement n'entraîne pas le même niveau d'engagement. La clé est bien sûr de comprendre à quoi le modèle d'engagement devrait ressembler pour tout individu. Il peut y avoir du sens à utiliser certaines applications uniquement le vendredi.

## L'approche système par système

Mesurer l'engagement est donc quelque chose qui est propre à chaque système. Il faut définir des profils idéaux et mesurer par rapport à ceux-ci. Cela représente beaucoup de travail et s'il est bénéfique pour les plus grands systèmes, il devient rapidement difficile à faire pour chacun des systèmes plus petits.

Une alternative consiste à calculer le nombre de fois où les gens utilisent le système. Cette donnée est généralement très facile à trouver (enregistrements de connexion ou rapports d'activité) et fournit une idée approximative de la fréquence et du moment d'utilisation du système.

Nous voyons souvent des systèmes avec cent utilisateurs enregistrés, mais moins de vingt les utilisant, et ce, sur n'importe quel mois analysé. Soit les quatre-vingts autres ne devraient pas avoir accès au système (ce qui coûte des licences), soit ils n'y ont pas trouvé la valeur qu'ils recherchaient.

Mesurer l'engagement peut sembler beaucoup de travail, mais c'est la seule façon de s'assurer que vos systèmes fournissent de la valeur à l'organisation.

## 3. Comprendre vos utilisateurs.

Une fois que les Bases sont mesurées, nous pouvons commencer à obtenir une meilleure compréhension des utilisateurs eux-mêmes. On nous demande souvent : « Ne devriez-vous pas comprendre les utilisateurs avant de commencer à faire quelque chose? » Et bien sûr, cela semble avoir beaucoup de sens, mais la réalité est que la plupart des départements TI ont suffisamment de connaissances sur leurs utilisateurs pour débuter. Cela prendrait des semaines ou des mois d'entretiens, de recherche et de groupes de discussion pour obtenir une compréhension approfondie. L'enquête de satisfaction peut vous apporter cette compréhension en seulement quelques jours.

Si je vous demande de penser à vos utilisateurs, il y a des chances qu'un type d'utilisateur très spécifique vous vienne à l'esprit. Vous pensez peut-être à l'assistante administrative qui demande sans cesse de l'aide à propos de sa suite bureautique, ou à l'ingénieur qui fait sans cesse des changements à sa configuration. Nous avons une vision très partiale des utilisateurs, causée par notre propre relation avec les TI et par nos interactions de tous les jours. Prendre des décisions concernant les utilisateurs en fonction de cette perception erronée n'est pas seulement improductif, mais dangereux.

La réalité est que vos utilisateurs varient considérablement de l'un à l'autre. Ils ont des objectifs différents dans leur utilisation de la technologie, dans leur fonctionnement et dans le degré de changement qu'ils peuvent accepter. Traiter tout le monde de la même manière ne fonctionne pas. C'est ce qu'ont compris les départements TI de Niveau 4.

Pour mieux comprendre les utilisateurs, il est utile de créer des *Persona*, ou des utilisateurs imaginaires en fonction de divers critères. Ces *Persona* peuvent nous aider à prendre de meilleures décisions concernant la technologie, les services et les approches.

Exemple de Persona :

| Sylvie Admin | |
|---|---|
| Nom | Sylvie Admin |
| Âge | Quarantaine |
| TI et Internet | Faible |
| Utilisation de logiciels | Moyen |
| Utilisation des applications mobiles - tablette | Faible |
| Réseaux sociaux | Faible |
| Objectifs de l'expérience-utilisateur | Simplicité |
| Appareil et plateforme | Desktop, image #des7801 |
| Tolérance de l'anxiété | Faible |
| Description | Sylvie Admin effectue un travail répétitif, saisi de commande client ou interagit avec les clients. Elle est très compétente dans un petit sous-ensemble de fonctionnalités sur quelques applications. Elle devient rapidement débordée quand elle essaie de faire quelque chose de nouveau. |
| Formation | Préfère une formation formelle. |

| John Ingénieur | |
| --- | --- |
| Nom | John Ingénieur |
| Âge | La quarantaine |
| Compétences : | |
| TI et Internet | Élevé |
| Utilisation de logiciels | Moyen |
| Utilisation des applications mobiles - tablette | Élevé |
| Réseaux sociaux | Moyen |
| Objectifs de l'expérience - utilisateur | Contrôle |
| Appareil et plateforme | Desktop, image #des8132, |
| Tolérance de l'anxiété | Moyen |
| Description | John Ingénieur passe beaucoup de temps à adapter son environnement de travail, en modifiant des paramètres et en installant des applications pour rendre son travail plus productif. À l'aise avec un environnement complexe, il a tendance à se débrouiller seul. |
| Formation | Préfère utiliser une documentation et des ressources publiques (Internet). |

## Construire des *Persona*

Il est facile de se perdre dans les détails lors de la création de Persona. Après tout, vous pouvez utiliser toutes les informations dont vous disposez au point où vous pourriez avoir des dizaines de combinaisons différentes. La clé n'est pas de se concentrer sur l'information dont vous disposez, mais sur ce qui distingue les utilisateurs.

## Commencer par l'enquête de satisfaction

L'enquête de satisfaction-utilisateur que vous avez réalisée est un bon point de départ. Elle fournit beaucoup de renseignements sur la satisfaction des utilisateurs concernant les services TI qu'ils reçoivent. Vous pouvez analyser cette information pour trouver ce qui entraîne la satisfaction.

Prenons un exemple simple. Supposons que la satisfaction du département d'ingénierie est beaucoup plus faible que celle du service financier. Nous pouvons déduire que le génie a des besoins qui sont très différents de la finance, ce qui serait logique. Une autre explication pourrait être que le génie est un type d'utilisateur complètement différent. Alors que le service financier a tendance à embaucher des commis pour faire un travail routinier, l'ingénierie embauche des personnes éduquées en technologie, des utilisateurs hautement qualifiés pour du travail intellectuel. Leurs attentes envers leur équipement seront radicalement différentes. Alors qu'un voudra un équipement facile à utiliser, l'autre voudra avoir le contrôle de sa machine.

Mais l'éducation n'est pas le seul facteur. L'âge en est également un. Ceux dans la vingtaine ont tendance à être beaucoup plus à l'aise avec les appareils mobiles et les réseaux sociaux que les quinquagénaires. La façon dont ils apprennent et travaillent est aussi radicalement différente, étant plus à l'aise dans un environnement avec beaucoup d'interruptions et de partage d'informations.

Analyser la satisfaction de vos utilisateurs à travers différentes variables vous permet de voir quelles habitudes émergent et donne un bon point de départ.

## Choisir l'équipement

Les Persona sont utiles dans la sélection de l'équipement. Chaque Persona aura tendance à avoir des besoins légèrement différents, ce qui nécessite un type d'équipement différent. Une Persona « grand-voyageur » exigera probablement un petit ordinateur portable léger ou une tablette pour lui permettre de bouger facilement tandis qu'un Persona finance, qui passe ses journées dans son chiffrier électronique, aura besoin d'une machine puissante, mais avec de multiples écrans pour voir l'ensemble des feuilles de calcul à la fois.

## Choisir le logiciel

À la fois comme consultant pour Gartner et en tant que CIO, j'ai participé à d'innombrables évaluations de produit afin de choisir un nouveau logiciel. J'ai honte de dire que très peu de fois, j'ai pris en compte les Persona des utilisateurs qui allaient l'utiliser. Je regardais l'architecture, la technologie, les bases de données, les fonctionnalités et la viabilité du fournisseur. Mais je n'avais jamais considéré que quelqu'un allait l'utiliser pour faire son travail jour après jour.

Prenez le choix de l'ERP par exemple. Certains fournisseurs sont bien connus pour avoir des solutions très complètes, mais complexes à utiliser. Bien qu'elles permettent l'accès à un grand nombre de fonctionnalités, leur adoption a tendance à rester faible, car les utilisateurs ne sont pas à l'aise. Les leaders TI choisissent la solution comme s'ils étaient les utilisateurs. Des millions de dollars sont gaspillés dans le choix de la bonne solution pour les mauvaises personnes.

## Persona : ne pas exagérer

Les Persona sont un aperçu général du segment utilisateur. Ils ne sont pas une personne réelle. Il est tentant de développer les Persona au point où son profil est très réel, perdant également de son utilité. Au lieu de cela, le processus de développement de Persona devrait être très rapide. Qu'est-ce qui distingue le plus cet utilisateur des autres? Savoir qu'ils ont tous un animal de compagnie n'ajoute pas beaucoup de valeur, mais comprendre qu'ils utilisent beaucoup les réseaux sociaux sera utile dans le choix ou le développement de nouvelles applications.

Les Persona sont une approximation. Lorsque vous essayez d'assigner les utilisateurs à une Persona, certains s'intègreront  bien dans toute catégorie. Choisissez-en une. Il n'y a pas nécessité de développer des dizaines de Persona. Sinon, ce ne sera plus utile.

## Combien de Persona?

La règle générale est sept. S'il y en a plus, cela devient difficile de les connaître toutes par cœur. S'il y en a moins, elles deviennent trop génériques.

## Voyez-le en action

Obtenez un gabarit pour définir vos *Personas* :

**GreenElephantTeam.com/VCTI**

## Reconnaissance

Un moyen facile de motiver les utilisateurs et de les engager est de reconnaître leur contribution.

Participer au partage des connaissances et aux systèmes collaboratifs exige du temps et de l'investissement personnel. Et la question évidente est : « Qu'est-ce que j'y gagne, moi? »

Les plateformes sociales comme *Facebook* et *Reddit* donnent la reconnaissance sous la forme de nombre d'amis ou en donnant des points en fonction de la contribution. Il devient très évident de savoir qui est très engagé dans la plateforme et qui ne l'est pas.

Systématiser la reconnaissance contribue à rassurer les utilisateurs que le temps et l'énergie qu'ils dépensent à partager leur expertise seront évidents pour les personnes qui comptent : leurs patrons.

## 2. Formation des utilisateurs

C'est la partie du plan qui rencontre le plus de résistance de la part de mes clients. Tout le monde est d'accord avec la nécessité de fournir une infrastructure solide. C'est un acquis. Pour ce qui est de mesurer la satisfaction, certains y sont réticents, mais la plupart finissent par voir son utilité. Mais la formation? N'est-ce pas la responsabilité des RH ou des affaires? N'est-ce pas assez que nous fournissions les applications, nous devons aussi prendre les utilisateurs par la main?

Comme nous l'avons vu, les départements TI de Niveau 4 disent tous : « Oui, c'est notre responsabilité ». La raison est simple : si les utilisateurs n'ont pas les compétences nécessaires pour utiliser les applications, ils n'en tireront aucune valeur. Rendre les systèmes disponibles ne suffit plus.

## Types de formation

Regardons les différents types de formation :

### La formation traditionnelle

- **Formation en temps réel (en classe ou sur le web) :** Coûteuse et inefficace. Utile pour présenter un changement majeur (comme un ERP par exemple) et présenter de nouveaux concepts. La rétention a tendance à être faible, car il y a tout simplement trop d'informations à la fois.

- **Auto-formation :** L'approche en ligne réduit les coûts de formation. Plusieurs cours sont déjà disponibles. Peu d'utilisateurs ont la discipline de suivre une formation par eux-mêmes.

- **Formation délivrée par un super-utilisateur :** Développer un réseau de super-utilisateurs pour former d'autres employés. Bien qu'utiles, les super utilisateurs sont souvent trop occupés pour remplir ce rôle de manière adéquate.

### Formation non traditionnelle :

- **Diner-causerie :** Des séances rapides pendant l'heure du diner couvrant un sujet d'intérêt pour les utilisateurs. L'approche non structurée, courte et décontractée la rend attrayante pour les utilisateurs. Une pizza gratuite ne manque jamais d'attirer les foules.

- **Clips vidéos :** Des vidéos courtes sur la façon d'exécuter des tâches spécifiques. Elles offrent des réponses immédiates aux questions des utilisateurs.

- **Formation en cours d'utilisation :** de plus en plus populaire auprès des systèmes commerciaux. Comprends la formation directement dans l'application avec un processus d'intégration et de rappels. Elle a une très haute impact, car les utilisateurs sont formés en utilisant l'outil.

Les départements TI se sont concentrés essentiellement sur les méthodes de formation traditionnelles. Ces approches sont généralement utilisées lorsque de nouveaux systèmes sont déployés, comme lors des projets. Le problème est que la formation continue ou la formation des nouveaux employés est difficile quand il s'agit d'une formation en classe. Et le développement de cours de formation est coûteux et prend du temps.

Bien que ces activités de formation aient leur place, les départements TI de Niveau 4 utilisent des approches de formation moins traditionnelles avec beaucoup de succès. Ces méthodes de formation sont davantage axées sur une formation de perfectionnement continue. Par exemple, un déjeuner mensuel et une séance de présentation des logiciels bureautiques permettent à toute personne intéressée d'examiner ses compétences, et d'apprendre de nouvelles fonctionnalités pour améliorer sa productivité. La formation en cours d'utilisation peut montrer aux utilisateurs de nouveaux rapports dont ils pourraient ne pas en connaître l'existence.

L'idée générale est que la formation ne doit pas être un processus sophistiqué et douloureux. La formation doit être continue, légère et adaptée à l'évolution des besoins des utilisateurs.

## Définir les besoins de formation

Comment peut-on savoir de quel genre de formation ont besoin les utilisateurs? Il existe deux façons. La première est de regarder les demandes que votre centre d'assistance reçoit. Il y a des chances que les utilisateurs appellent avec des demandes d'aide liées à la formation. Une simple conversation avec votre personnel du centre d'assistance vous fera probablement découvrir des dizaines de besoins de formation. L'analyse des billets du centre d'assistance fournit une mine de renseignements.

## Aider les utilisateurs à aider les autres

Ma fille est une grande joueuse de Minecraft. Il s'agit d'un jeu de survie où vous minez des ressources naturelles que vous utilisez pour construire des outils et des infrastructures plus avancés. En ne partant de rien, vous abattez des arbres pour construire des pioches qui vous permettent de miner les métaux, etc.

Cela peut rapidement devenir un jeu très compliqué. En outre, la communauté des utilisateurs a développé une série d'options (ou «mods») pour améliorer encore plus le jeu. Cependant, l'installation de ces *mods* et leur utilisation peut devenir très difficile à gérer pour un père impatient comme moi.

*Minecraft* aide ses utilisateurs non à travers un grand service de soutien (même si l'aide reçue est assez bonne), mais à travers une communauté d'utilisateurs très active. Les utilisateurs participent régulièrement à des forums de discussion, publient des vidéos « comment faire » sur *YouTube* et répondent à chacune des questions. Tout cela dans le but de promouvoir le jeu. Les participants les plus actifs reçoivent des rangs, une reconnaissance de leur contribution affichée à côté de leur nom. Quand quelqu'un avec un rang élevé poste une réponse, vous savez que vous pouvez lui faire confiance. C'est la définition parfaite d'un utilisateur engagé.

Après avoir cherché une solution à un problème particulièrement difficile, ma fille a décidé que les vidéos « comment faire » qu'elle avait regardées n'étaient pas assez claires. Elle a décidé de faire sa propre vidéo, de la publier sur *YouTube* et de la partager avec les autres sur les forums. Elle n'a que dix ans.

Souvent, la plus grande contribution que les TI peuvent apporter aux utilisateurs est de les mettre en contact les uns avec les autres et leur laisser la voie libre. Les utilisateurs engagés sont heureux d'en apprendre plus sur leurs systèmes, de partager leur expérience et de se soutenir mutuellement. Pour cela, ils ont besoin d'une plateforme, d'une manière d'entrer en contact les uns avec les autres et de partager.

Nous limitons souvent ce qui est à la disposition des utilisateurs. Nous voulons nous assurer que nous contrôlons le message, que la formation est appropriée et conforme, mais souvent, ce que les utilisateurs veulent, c'est une capture d'écran rapide, ou une vidéo de quelqu'un d'autre qui a eu le même problème et l'a résolu.

## Engagement

Mais que dire des problèmes que les utilisateurs ignorent avoir? Les systèmes sont complexes et la formation se fait en bloc, ce qui conduit les utilisateurs à oublier beaucoup de ce qu'ils ont appris. C'est facile pour eux de ne pas être conscients que quelque chose est possible.

Les ERP sont d'excellents exemples de ceci. Les systèmes ERP ont tendance à être complexes et nécessitent beaucoup de formation rien que pour les utiliser quotidiennement. Cela peut prendre des semaines pour qu'un utilisateur soit en mesure d'effectuer ses tâches quotidiennes. Mais que dire de la richesse de ses autres fonctionnalités et des rapports qui sont disponibles, mais dont il n'est tout simplement pas au courant? Leur formation initiale a peut-être couvert ces sujets, mais ils ont été oubliés depuis longtemps. En analysant le modèle d'utilisation des utilisateurs, un leader TI saurait repérer les fonctionnalités qui ne sont pas utilisées, les rapports qui ne sont pas générés et fera une étude. Comparer les différents utilisateurs peut également aider. Si deux personnes chargées des comptes fournisseurs ont des modèles très différents d'utilisation, il est utile d'examiner si former à nouveau l'utilisateur a du sens.

# 3. Jouez votre rôle

## Comprendre le rôle

Jean venait d'être embauché comme le nouveau CIO d'une grande entreprise familiale. Il avait bâti une carrière en tant que gestionnaire TI pour diverses organisations publiques et estimait qu'il aurait un plus grand impact en travaillant pour une entreprise privée. Une organisation plus petite lui permettait d'agir rapidement et d'influencer la direction de l'entreprise avec le propriétaire.

Mais les choses sont parties du mauvais pied quand Jean s'est mis à planifier des réunions avec les directeurs de l'entreprise. L'un après l'autre, ils annulaient à la dernière minute. Aucun d'entre eux ne répondait ni à ses courriels ni aux appels téléphoniques.

Quand il a finalement obtenu une rencontre, il a été surpris par l'attitude du directeur : « Je ne comprends pas pourquoi vous posez toutes ces questions. Vous n'êtes pas responsable de la stratégie de l'entreprise -faites juste en sorte que nos systèmes fonctionnent ».

Jean avait l'impression que la stratégie de l'entreprise était exactement sa responsabilité. Du moins, il pourrait y contribuer. À son grand étonnement, ces dirigeants n'étaient pas intéressés d'en débattre avec lui.

Jean avait mal compris les attentes de son rôle. Il pensait qu'il jouerait le rôle d'un partenaire, ou au moins qu'il apporterait une certaine contribution dans les affaires de l'entreprise, mais il a été relégué au rôle de preneur de commandes.

Bien sûr, Jean n'est pas resté longtemps dans cette société. Il l'a rapidement quittée pour une organisation où il pouvait avoir plus d'influence.

## Valeur et alignement

Nous aimerions penser que les départements TI à forte valeur commerciale jouent tous un rôle stratégique au sein de leurs organisations - qu'ils siègent au comité de direction et participent aux stratégies et orientations.

Bien que ce soit le cas pour certains, ce n'est pas un préalable pour offrir une forte valeur commerciale. En fait, la partie la plus importante n'est pas le rôle que le TI joue, mais de savoir si le rôle est en ligne avec les attentes de l'entreprise ou non.

Nous examinerons les quatre différents rôles que les TI peuvent jouer dans une organisation et l'importance de l'alignement.

### Comment les départements TI de Niveau 4 jouent leur rôle

Les départements TI de Niveau 4 jouent leur rôle de quatre façons :

1. Ils comprennent leurs profils de personnalité actuels et prévus.
2. Ils alignent leur équipe.
3. Ils alignent la vision.
4. Ils alignent l'entreprise.

# 1. Profils de personnalité

Les départements TI peuvent être classés en quatre profils de personnalité distincts. Ces profils ont un impact sur la perception des TI au sein de l'organisation et aussi sur le comportement de l'équipe TI sur une base quotidienne.

Nous utilisons deux dimensions différentes pour définir des profils de la personnalité :

- **L'orientation service** : L'orientation service représente l'accent de l'organisation sur le service clients. Certaines organisations gèrent les TI comme un centre de coûts et veulent minimiser les interactions avec les utilisateurs, tandis que d'autres essaient d'être au-devant des besoins des utilisateurs.
- **L'orientation affaires :** L'orientation affaires mesure le niveau de compréhension des affaires par l'équipe TI. Certains départements TI fournissent tout simplement des services génériques tandis que d'autres possèdent une profonde compréhension des enjeux commerciaux et proposent des solutions technologiques pour y répondre.

La combinaison de l'orientation service (axe vertical) et l'orientation affaires (axe horizontal) nous donne quatre profils de personnalité distincts.

## Le Comptable

Les Comptables croient que le département TI est un mal nécessaire, quelque chose qui est essentiel, mais qui doit être étroitement géré. Ils craignent également que les utilisateurs abusent ou volent des ressources informatiques s'ils sont laissés sans surveillance. Ils croient que le contrôle des utilisateurs est essentiel pour le contrôle des coûts.

Les Comptables prospèrent dans des environnements centralisés, par exemple, les entreprises manufacturières, où les utilisateurs ont tendance à avoir peu de connaissances ou de besoins en informatique dans leur travail quotidien.

*Walmart* est le meilleur exemple de la personnalité Comptable. L'objectif de *Walmart* est de réduire les prix (et les coûts). Elle ne vise pas une ambiance de magasinage agréable, mais se concentre plutôt sur la livraison de bas prix au quotidien, et ils en sont fiers.

## Le Majordome

Les Majordomes veulent servir leurs utilisateurs. Ils réalisent que leur organisation dépend d'eux et sont plus que disposés à être des joueurs de soutien solides. Ils traitent chaque utilisateur comme un client payant, croyant que les utilisateurs doivent pouvoir compter sur les TI et être satisfaits des services fournis.

Les Majordomes prospèrent dans les entreprises où les utilisateurs sont avertis et exigeants. Par exemple, l'ingénierie, les produits pharmaceutiques ou le design.

*Starbucks* vient à l'esprit quand on pense au style Majordome. *Starbucks* offre un excellent service, mais à un certain prix. Elle adapte l'ambiance toute la journée afin que vous puissiez obtenir votre dose de caféine rapidement dans la matinée, travailler pendant la journée ou finir un rendez-vous galant dans la soirée. Par contre, *Starbucks* ne vous arrêtera pas après huit cafés. Il répond aux demandes; il ne vous aide pas à atteindre vos objectifs.

## L'Institutrice

Les Institutrices sont la force motrice de l'adoption des technologies au sein de leurs organisations. Leur compréhension unique de l'entreprise et de la technologie leur procure une vision stratégique sans précédent.

Tout comme une vraie institutrice, ils guident les utilisateurs dans la bonne direction, s'assurant qu'ils sont productifs tout en respectant les règles.

L'attention constante que les Institutrices portent à l'amélioration des processus d'affaires conduit souvent à des coûts TI plus élevés, mais ceux-ci sont toujours justifiés avec un excellent retour sur l'investissement.

L'Institutrice se développe dans des environnements où les utilisateurs ont une connaissance limitée de la technologie. Le commerce de détail est un excellent exemple, où le taux de roulement au niveau des employés peut atteindre 40% par an.

Le meilleur exemple d'une Institutrice est *Apple*. *Apple* ne consulte personne avant de commercialiser de nouveaux produits. Elle ne s'excuse pas quand ils suppriment des caractéristiques ou arrête une gamme de produits. Ils croient qu'ils en savent plus que nous ce que nous voulons. Et souvent, c'est vrai.

## L'Agente

Les Agentes croient qu'elles peuvent rendre leur organisation plus compétitive. Elles croient qu'elles doivent être impliquées dans la plupart des initiatives commerciales pour avoir un impact bénéfique.

Nous trouvons les Agentes dans les organisations qui ont reconnu le rôle stratégique que les TI peuvent jouer. Les services financiers et les compagnies d'assurances sont de bons exemples de lieux où nous pouvons trouver des Agentes.

Quand nous pensons à des Agentes, nous pensons à *Weight Watchers*. La mission de *Weight Watchers* est d'aider les gens à atteindre et maintenir un poids sain. Ils le font en simplifiant le calcul des calories (en utilisant des points) et en fournissant des outils et des groupes de soutien. Ils ne se concentrent pas sur les moyens, mais sur les résultats. C'est la principale différence des Agentes. Elles visent à aider leurs clients à atteindre leurs objectifs par quelconque moyen nécessaire.

## Lequel est le meilleur?

Quand on regarde ce type de graphique, il est facile de penser que la catégorie d'en haut à droite est la meilleure (l'Agente). En fait, quand je pose la question aux leaders TI, 58 % disent qu'ils sont Agents. Mais quand je parle aux dirigeants d'entreprises, seulement 14 % sont d'accord avec eux.

La réalité est un peu différente. La meilleure position n'est pas le quadrant supérieur droit. La meilleure position est celle à laquelle l'entreprise s'attend.

Une organisation qui met l'accent sur le contrôle des coûts s'attend à un Comptable. Le secteur manufacturier est un excellent exemple. Ce secteur s'attend à un département TI peu coûteux et ne croit pas que la technologie puisse jouer un rôle majeur (bien que cela soit en train de changer).Un CIO qui tente de se comporter comme une Agente ou une Institutrice (comme notre exemple de tout à l'heure) se fera montrer la porte assez rapidement.

Quant à une organisation de commerce de détail qui a un taux de rotation du personnel de 40 %, elle aura besoin d'une Institutrice. Elle voudra quelqu'un capable d'imposer des processus et des normes à travers des systèmes. Quelqu'un qui se comporte comme un Majordome, qui répond à chaque demande sera jugé comme trop «faible» et incapable de diriger.

Les départements TI de Niveau 4 reconnaissent le rôle attendu et s'adaptent en fonction de celui-ci.

Nous appelons ce concept « alignement ». Mais nous verrons qu'il y a en fait trois types d'alignement.

## Alignement

Lorsque nous entendons parler de l'alignement, nous le voyons généralement d'un point de vue budgétaire : est-ce que les projets TI sont en ligne avec les priorités de l'organisation?

Bien sûr, ce concept d'alignement est important, mais curieusement, il n'est pas le plus important. En fait, nous remarquons que trois types d'alignement influencent la valeur commerciale du département TI :

- L'alignement de l'équipe;
- L'alignement de la vision;
- L'alignement des affaires.

# 2. L'alignement de l'équipe

Est-ce que tous les membres de votre équipe comprennent et acceptent leur rôle?

Lorsque nous demandons aux membres des équipes TI quel rôle joue le département TI dans leur organisation, nous recevons souvent une variété de réponses. Certains pensent qu'il devrait jouer un rôle autoritaire (une Institutrice) tandis que d'autres croient qu'il devrait répondre aux demandes (un Majordome).

Lorsque les membres de l'équipe ne s'entendent pas sur leur rôle, il devient difficile de présenter un front uni aux utilisateurs et à l'entreprise, ce qui conduit des utilisateurs à appeler directement certains individus des TI. Les autres ne comprendront pas ou n'auront pas l'attitude requise pour les aider.

Les départements TI de Niveau 4 démontrent une bonne compréhension de leur rôle. La plupart de leurs membres non seulement sont d'accord avec leur rôle, mais ils comprennent également son impact sur leurs comportements quotidiens.

## 3. L'alignement de la vision

L'équipe est alignée, mais est-ce qu'elle correspond à la vision du leader TI?

Nous voyons souvent un écart entre ce que l'équipe estime que son rôle devrait être et ce que le leader veut.

Les leaders TI ont tendance à vouloir offrir un haut niveau de service et à jouer un rôle stratégique dans l'organisation tandis que les membres de l'équipe ont tendance à être occupés, surchargés de travail et ne veulent se concentrer que sur l'essentiel. Ils croient qu'ils n'ont pas la capacité de faire plus de travail «relationnel» ou «stratégique».

Cela provoque de la frustration à la fois au sein de l'équipe et chez le leader TI. Chacun sent que l'autre ne comprend pas les réalités de l'organisation.

Cela crée également de la frustration au sein de l'entreprise. Le leader TI prend des engagements que son équipe ne peut pas tenir. Ou encore, rappelle à tous l'importance du service tandis que le centre d'assistance a du mal à faire face au volume d'appels.

Les départements TI de Niveau 4 possèdent un alignement de vision fort. Les leaders TI passent beaucoup de temps à communiquer leur vision, encore et encore. Ils essaient de préciser les comportements spécifiques attendus au quotidien pour chaque rôle. Dire « Offrez un excellent service client! » n'est pas assez. On doit le renforcer par un accompagnement spécifique, des exemples et de la reconnaissance.

### Qu'est-ce qui se passe quand le département TI se sent plus concerné que les affaires?

Mike dirigeait une organisation TI difficile. Un opérateur d'énergie alternative, l'entreprise était spécialisée dans le remaniement des projets de développement d'énergie en difficultés.

L'organisation était basée dans deux pays très différents avec leurs propres processus.

Mike a fait de son mieux pour normaliser les technologies entre les deux groupes, mais un jour, les choses sont devenues ingérables.

« Le groupe nord-américain veut changer le centre de contrôle de leurs installations de production d'énergie », a déclaré Mike. « Mais c'est un gros investissement, il serait logique de faire participer la division européenne à ce projet pour réduire les coûts. »

Le problème était que personne d'autre dans l'organisation ne partageait l'idée de normalisation de Mike. Le président et l'équipe de direction comprenaient les avantages de la normalisation, mais désiraient également avancer rapidement et éviter de s'enliser. Mike était le seul qui se souciait de la normalisation.

Le problème était qu'il s'en souciait tellement, qu'il a ralenti les initiatives. Il a essayé de faire de chaque projet un projet d'entreprise, jusqu'à ce que les divisions commencent à faire les choses de leur côté. Ils essayaient de réduire leur dépendance face aux TI par l'achat de solutions technologiques gérées, poussant le département TI hors du cadre.

En essayant d'appliquer une norme d'entreprise, Mike a éloigné les divisions. Ils ont perçu Mike comme une épine, un obstacle au progrès. Les divisions essayaient de rivaliser dans un environnement difficile, et leur partenaire TI ne les aidait pas du tout.

Mike a fait tout cela au nom des « objectifs de l'entreprise ». Ces objectifs que nul autre ne partageait.

## 4. L'alignement d'affaires

L'équipe et la vision sont alignées, excellent. Mais est-ce qu'elles répondent aux attentes de l'entreprise?

Le département TI se donne souvent des «missions» en fonction de ce qu'il croit devoir être fait. Cette mission pourrait être de réduire les coûts autant que possible ou de normaliser tout sur une seule plateforme.

Les problèmes surviennent lorsque la mission ne correspond pas à ce que l'organisation veut. L'entreprise pourrait ne pas souhaiter tout centraliser (comme dans notre exemple précédent); peut-être tout ce qu'elle veut, ce sont des opérations qui fonctionnent.

Cet alignement n'est pas seulement ressenti dans le budget ou dans les projets, mais il se voit aussi dans le comportement de l'équipe TI. Les équipes TI qui ne parlent pas aux affaires à moins qu'une demande de projet ait été enregistrée ne peuvent pas prétendre être un Majordome ou une Agente. Une équipe qui ne passe pas de temps à comprendre l'entreprise ne peut pas prétendre être une Institutrice ou une Agente.

Nous devons également tenir compte du fait que les « affaires » n'existent pas. Nous avons une série de départements et de parties prenantes qui peuvent tous avoir des attentes différentes pour le rôle du département TI. Le service financier pourrait s'attendre à ce que le département TI agisse en Institutrice pour aider à la mise en application des politiques de l'entreprise. Pendant ce temps, les ventes veulent un Majordome pour installer de nouveaux systèmes et outils.

Les départements TI de Niveau 4 traitent chaque département comme une entité individuelle avec ses propres priorités et objectifs. Ils font un effort soutenu pour comprendre leurs opérations et contraintes et ils adaptent leur rôle en fonction des attentes de chaque département.

## L'évolution des attentes

Que faire si vous n'êtes pas d'accord avec le rôle attendu par les affaires du département TI?

Les leaders TI sont confrontés à l'un des plus grands défis quand ils tentent d'apporter leur contribution à l'entreprise. L'entreprise ne les laisse pas s'asseoir à la table de la direction. Il y a, bien sûr, de nombreuses raisons à cela :

- Les leaders affaires ne comprennent pas la contribution possible du département TI;
- Les leaders affaires ne croient pas que le département TI est capable d'exécuter;
- Les leaders affaires ne croient pas que le département TI comprenne l'entreprise;
- Les leaders affaires ont eu de mauvaises expériences dans le passé.

Il est facile de se faire cataloguer par une fausse perception des capacités du département TI. En fait, de nombreux leaders TI ne dépassent jamais ce point.

Les départements TI de Niveau 4 ne laissent pas les attentes initiales définir leur rôle. Ils comprennent que la perception est souvent la réalité, mais aussi que les perceptions peuvent être modifiées.

Ils font un effort volontaire pour évaluer la position de chaque département et partie prenante. Ils conçoivent un plan pour changer la perception des TI et des attentes pour son rôle.

Un siège à la table de la direction se gagne, il ne se donne pas.

# Devenir un Niveau 4. Assumez votre rôle

Une partie importante de votre rôle consiste à établir les bonnes attentes en premier lieu. Nous avons déjà parlé du fait que la satisfaction est la différence entre le service rendu et le service attendu. Peu importe la façon dont nous servons l'organisation, l'entreprise ne sera jamais satisfaite si ses attentes ne sont pas réalistes.

Nous verrons comment nous pouvons définir les attentes des utilisateurs, des leaders affaires et enfin de l'équipe TI.

### Établir des attentes avec les utilisateurs

Nous avons vu comment les utilisateurs définissent leurs attentes en fonction de différents mécanismes : leur emploi précédent, leur propre expérience en tant que consommateurs et les dernières interactions avec votre service. Cela peut être une combinaison dangereuse, car elle conduit à des différences majeures entre les utilisateurs. Quelqu'un qui a travaillé pour une société très mature pourrait s'attendre à beaucoup de la part du service de soutien technique et de l'équipement reçu, alors que quelqu'un qui vient d'une société avec une mauvaise technologie sera ravi.

Il serait impossible pour le département TI de répondre systématiquement à ces attentes. Certains utilisateurs seraient très satisfaits, certains seraient très insatisfaits et il n'y aurait aucun moyen d'en expliquer les raisons. C'est pourquoi il est essentiel de gérer les attentes des utilisateurs avant qu'ils ne commencent à utiliser votre service.

Le meilleur moment pour définir les attentes est lors de l'embauche. Lorsque vous l'orientez et lui fournissez l'équipement et l'accès, il est sage de l'informer du niveau de service à s'attendre concernant les TI. Cela comprend le temps de réponse du centre d'assistance par exemple, mais aussi divers éléments tels la durée de vie prévue de son ordinateur, comment il peut obtenir (ou ne peut pas obtenir) d'autres logiciels et périphériques, ce qu'il peut installer ou non, etc.

L'autre meilleur moment est lorsque l'utilisateur demande le service. Un rappel lors de chaque interaction aide à réinitialiser les attentes. Ceci est particulièrement utile quand les utilisateurs connaissent des niveaux de service plus élevés. Il est difficile de revenir à des niveaux de service normal par la suite. Mais en leur rappelant à chaque interaction le niveau de service à attendre, ils peuvent mieux fixer leurs attentes

Il peut être tentant de fixer des attentes très faibles afin de toujours les dépasser. De cette façon, nous avons l'air d'un héros à chaque fois. En fait, cela ne fonctionne qu'une seule fois. Ensuite, les gens rétabliront leurs attentes à votre niveau de service réel et ne tiendront pas compte de vos avertissements. De plus, si les attentes sont trop faibles, les utilisateurs ne reconnaissent pas la valeur ajoutée qu'ils ont reçue au-delà des niveaux prévus. Les gens ont du mal à reconnaître ce qui dépasse trop leurs attentes.

## Établir des attentes avec les unités d'affaires

Tout comme nous avons besoin d'établir les attentes des utilisateurs concernant les services de base que nous offrons, nous devons aussi définir les attentes des unités d'affaires. Ces services sont généralement plus liés au développement et à l'évolution des nouveaux systèmes et processus.

## Catalogues de services

Les catalogues de services sont souvent utilisés pour définir les attentes avec l'entreprise. La théorie derrière un catalogue de services est qu'il devrait énumérer tous les services fournis par le département TI, avec les niveaux de service associés. Les leaders affaires savent donc exactement quoi, quand et comment ils recevront comme services. Si certains veulent quelque chose qui n'est pas dans le catalogue, ils devraient alors négocier séparément.

Bien que cela semble idéal en théorie, la plupart des catalogues de services ratent la cible.

Transférons cette situation dans la vie de tous les jours. Je suis le seul responsable de l'entretien de l'automobile dans ma famille. Non, cela ne signifie pas que je connais quoi que ce soit à propos de la mécanique, cela signifie seulement que je suis celui qui apporte la voiture chez le garagiste. Ma femme déteste y aller. Elle croit qu'ils essaient toujours de lui vendre des services qui ne sont pas nécessaires. Comme elle ne connaît rien aux voitures, elle n'a d'autre choix que d'accepter. Son argument est que, comme je suis un homme et j'en sais un peu plus qu'elle sur les voitures, et ainsi, je n'aurais pas les mêmes problèmes. Elle a toutefois tort.

L'année dernière, je suis allé chez le concessionnaire avec ma vieille voiture, et j'ai demandé une révision technique. Le mécanicien a commencé à me poser toutes sortes de questions : « Voulez-vous de l'huile synthétique? Est-ce qu'on change le filtre à air? Etc.». Ils sont très transparents : chacun de leurs services est répertorié et le prix est affiché. Je sais exactement ce que j'achète. Le problème est que je ne sais pas si j'en ai besoin. Donc, je dois prendre une décision sur quelque chose que je connais peu.

Ma femme a depuis acheté une nouvelle voiture et je suis toujours responsable de l'entretien. Cette fois, l'entretien a été inclus dans le prix d'achat de la voiture. Toutes les nouvelles voitures sont vendues avec quatre années d'entretien, gratuitement. Alors, quand je me suis présenté au garage, ils n'avaient qu'une seule question pour moi : « Allez-vous attendre ici ou avez-vous besoin d'une voiture de prêt? » Ils sont des experts de cette voiture en particulier; ils savent ce qu'ils ont à faire. Ils n'ont pas besoin de moi pour prendre des décisions sur quelque chose qui n'est manifestement pas ma spécialité.

Et c'est le problème avec la plupart des catalogues de services. Ils énumèrent des services que peu de gens comprennent vraiment. Ils demandent aux leaders affaires de faire des choix dont ils ne comprennent pas les conséquences. J'ai vu des catalogues de services qui présentaient des méthodes différentes de développement selon le langage de programmation qu'ils utilisaient. Comment un leader affaires est-il censé décider?

Les catalogues de services sont plus appropriés pour des services standardisés tels que les centres d'assistance et l'équipement. Les projets et le développement gagnent peu de valeur à y être inscrits et ils pourraient même créer de la confusion au lieu d'aider.

## Connaissance de l'industrie

Qu'est-ce que vous connaissez sur l'entreprise? Et à propos de l'industrie? Quand je parle avec des leaders TI, ils mentionnent souvent qu'ils aimeraient être le profil de personnalité TI « Agent » (fortement tourné vers le service et vers les affaires), mais jouer sur le quadrant supérieur signifie également des attentes plus élevées quant aux connaissances de l'organisation par les TI.

Pouvez-vous expliquer la mission, les principaux processus et les contraintes de votre entreprise? Seriez-vous en mesure de diriger un département différent si vous étiez promu? Trop souvent, les leaders TI se concentrent sur l'obtention de l'expertise TI, et ne comprennent pas vraiment leur propre organisation. Si l'organisation s'attend à un « Agent » (forte orientation vers le service et les affaires) ou une « Institutrice » (faible orientation vers le service, forte orientation vers les affaires), cela change radicalement le niveau de compréhension et d'implication des TI dans l'entreprise. Pouvez-vous faire des suppositions éclairées de l'impact probable d'une augmentation du taux de change? Ou une augmentation du taux d'intérêt? Ce sont des notions très basiques que la plupart des chefs d'entreprise comprennent très bien.

La même chose s'applique à la connaissance de l'industrie. Comprenez-vous les tendances qui influent sur votre secteur d'activité (liées ou non aux TI)? Quels sont les mouvements probables de vos concurrents (ou pairs)? Qui est le plus susceptible d'acquérir un compétiteur? Quels sont les futurs produits ou services qui sont susceptibles d'avoir un impact? Quelles règlementations peuvent aider à surmonter un obstacle ou même en devenir un? Comprendre l'industrie, c'est aussi savoir quels sont les principaux acteurs et suivre leur progrès.

C'est une chose que le leader TI comprenne ces concepts, mais est-ce que le reste du département TI les comprend aussi? Est-ce que les employés TI passent du temps à suivre l'industrie et leurs pairs?

Si vous n'êtes pas prêt à approfondir votre connaissance de l'industrie ainsi que de l'entreprise, à la fois en tant que département et individu, il est alors important de fixer les bonnes attentes avec l'entreprise. Ne prétendez pas vouloir être une « Institutrice » ou une « Agente » si vous n'êtes pas intéressé ou capable de développer votre orientation affaires.

## Établir des attentes avec l'équipe

L'une des méthodes que les départements TI utilisent pour influencer les attentes est au travers les indices visuels. Dans notre cas, l'apparence des employés TI. Je travaillais avec une organisation qui s'estimait très créative. Les cadres portaient des pantalons en cuir et arboraient des Mohawks rouges. Non seulement ils les toléraient, mais ils encourageaient les gens à exprimer leur créativité à travers leurs vêtements. L'équipe TI a fait de même et a commencé à s'habiller de façon très décontractée. J'étais surpris de voir l'équipe, y compris le vice-président, vêtu de jean et de vieux t-shirts ou de vieilles chemises. Je ne parle pas du t-shirt à la mode. Mais plutôt le vieux t-shirt « trop vieux même pour le gym ». Ils n'avaient pas l'air créatifs; ils avaient l'air délabrés.

Les leaders affaires portaient des jeans et des vestes en cuir, mais leur apparence était le résultat d'un processus de réflexion élaboré. Un effort considérable a été fait pour faire de leur apparence le reflet de leur personnalité. Le cadre créatif avec un Mohawk de douze centimètres sur la tête passait beaucoup de temps chaque matin pour se coiffer. Par contre, les membres de l'équipe TI avaient l'air d'avoir attrapé ce qui traînait par terre pour aller travailler. Ils pensaient qu'ils se conformaient à la culture de l'organisation, mais en fait, leur apparence détonnait.

Les gens utilisent des repères visuels pour définir leurs attentes. Si quelqu'un vient réparer votre ordinateur avec une apparence délabrée, il se peut que vous n'ayez pas d'attentes très élevées concernant sa performance. Vous pourriez même revérifier après son départ pour vous assurer qu'il n'a pas créé de problèmes supplémentaires. Même s'il a fait un travail incroyable, vous ne seriez pas en mesure de le reconnaître, car en général, les gens ont du mal à réajuster leurs attentes, même à la lumière de la performance réelle. Vous ne pouvez pas impressionner quelqu'un qui a des attentes très faibles.

Avez-vous fixé les attentes de votre équipe en fonction de ce qui est considéré comme une tenue d'affaires appropriée? Probablement pas. Après tout, ils sont tous des professionnels; ils doivent savoir comment s'habiller. Vous ne devriez pas avoir à entrer dans ce genre de détails. Il s'avère que vous devriez peut-être le faire.

Les employés TI sont la représentation vivante de la marque TI. Et comme nous l'avons vu, la valeur du département TI est sa marque. Est-ce que vos employés contribuent au succès de votre marque ou la ternissent-ils? Je prends l'exemple des uniformes, mais cela s'applique à de nombreux éléments du processus d'interaction : la façon dont les gens répondent aux appels, le message d'accueil, comment ils se comportent dans les réunions, etc.

Si vous ne prenez pas le temps de définir les attentes avec votre équipe, vous pourriez être surpris de la vaste gamme de variations que vous trouverez. J'ai connu quelqu'un qui était constamment en retard aux réunions, au point où c'était devenu une blague. Ses manquements lui ont aussi coûté une promotion, car son patron a dû penser : « S'il ne peut pas gérer son emploi du temps, comment peut-il gérer un département? »

Établir des attentes, c'est une chose, mais leur maintien en est une autre. Il est nécessaire d'adresser chacun des manquements. Cela peut rapidement devenir ardu. J'avais l'habitude de fermer la porte une fois la réunion commencée et ne laisser personne entrer. Parfois, je voulais laisser entrer quelqu'un, car j'avais vraiment besoin de la personne pour la réunion, mais je me suis forcé à les garder en dehors et bientôt, plus personne n'était en retard. Je passais aussi régulièrement par les bureaux de soutien technique et regardais la propreté. Y a-t-il des boîtes et des fils partout? En forçant la propreté des espaces de travail, j'ai pu faire comprendre l'importance de l'apparence.

# 4. Créer des partenariats

## Être partenaire, ce n'est pas qu'un titre

Lorsque je travaillais comme CIO, l'un des représentants RH est venu se présenter. Tout sourire, il m'a dit qu'il était mon « partenaire d'affaires », et j'ai été surpris de voir réellement ce titre sur sa carte de visite.

Il a poursuivi en disant qu'il aimerait assister à toutes les réunions de mon service et être tenu au courant de tous mes objectifs et stratégies.

J'avais du mal à comprendre. Je lui ai donc demandé d'expliquer ce qu'être un partenaire signifiait pour lui. Il racontait encore et encore comment il allait être mon bras droit pour tous les sujets liés aux RH.

Je lui ai demandé d'abord s'il pouvait résoudre un problème avec mon plan de retraite. Il semblait que mon formulaire d'adhésion avait été enterré sous le bureau de quelqu'un pendant six mois et le processus n'avançait pas.

Mon « partenaire » a répondu catégoriquement que ceci n'était pas dans ses attributions et que je devais contacter quelqu'un d'autre dans le département RH pour résoudre ce problème. Son rôle était stratégique, et non pas opérationnel.

Je l'ai remercié vivement et je me suis juré de ne jamais le recontacter.

### Être un partenaire, c'est beaucoup de travail

Je trouve cela intéressant de regarder les parcours des leaders TI sur *LinkedIn*. Je vois toujours une certaine forme de « être un partenaire de l'entreprise » ou « agir comme un partenaire stratégique ». J'ai toujours eu envie de prendre le téléphone et d'appeler quelques leaders d'affaires et leur demander si tout cela voulait vraiment dire partenaire pour eux.

C'est comme si la définition « être partenaire » était quelque chose de très souple.

On ne se nomme pas soi-même partenaire. Devenir partenaire est un titre qui se gagne, qui est donné par l'autre personne. Un partenariat est une relation que nous construisons au fil du temps.

> **Comment les départements TI de Niveau 4 créent des partenariats**

Les départements TI de Niveau 4 créent des partenariats de deux façons :

- Ils construisent et entretiennent la confiance;
- Ils gèrent activement les partenariats.

# Définition de partenariats

Les relations d'affaires passent par quatre étapes différentes :

- **Émergentes** : il n'y a aucune relation en soi. La relation ne fait que commencer et nous nous connaissons à peine au niveau de l'entreprise.

- **Transactionnelle** : le niveau de confiance est faible. La plupart des interactions entre les TI et le département s'articulent autour des demandes spécifiques.

- **Valeur ajoutée :** le niveau de confiance monte à mesure que le département réalise la valeur que le département TI apporte dans la résolution de ses problèmes.

- **Partenaire stratégique :** le plus haut niveau de confiance. Le département TI fait partie de l'équipe du client, fournissant conseils et assistance.

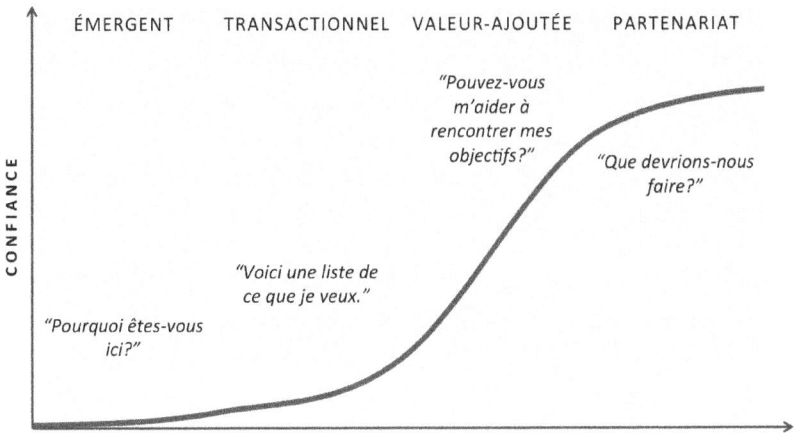

La distinction entre ces différents niveaux est le degré de confiance que le partenaire accorde au département TI.

Nous pensons souvent que parce que nous avons une relation personnelle, nous avons aussi une relation d'affaires. Ce n'est pas du tout le cas. En effet, si une relation personnelle peut aider, elle n'implique pas automatiquement une bonne relation d'affaires. Après tout, nous connaissons tous des gens avec qui nous aimons parler, mais à qui nous ne confierions jamais les clés de notre maison.

Les départements TI de Niveau 4 travaillent dur pour gagner la confiance et monter dans le cycle de partenariat. Cela ne signifie pas qu'ils sont partenaires avec tous les départements de l'organisation, mais qu'ils ont des plans pour y arriver.

Ils évaluent et suivent régulièrement le niveau de la relation avec chaque département et intervenant.

## Comment se forme la confiance

La confiance commence bien avant votre premier contact avec la personne. Elle commence avec votre réputation et la réputation de votre département.

Les organisations parlent. Beaucoup. Les rumeurs se répandent comme des feux de forêt, et c'est particulièrement vrai quand il s'agit des TI. Les gens semblent particulièrement heureux de mettre en évidence toutes les fois où le département TI n'a pas été à la hauteur de son rôle. Des projets échoués ou en retard, du matériel défectueux, des appels qui ne sont jamais retournés. Tout cela (vrai ou non) contribue à votre réputation dans l'organisation.

C'est pourquoi les départements TI de Niveau 4 travaillent d'arrache-pied pour maintenir leur réputation. Ils jouent un rôle actif dans l'identification des rumeurs et des problèmes avant qu'ils ne se propagent. Un utilisateur insatisfait? Ils feront en sorte de transformer leur histoire d'horreur en histoire positive. Quelqu'un répand-il de fausses rumeurs? Le département TI confrontera cette personne pour remettre les pendules à l'heure. Ils défendent activement leur réputation.

Mais bien sûr, la réputation n'est que le point de départ. Vous devez ensuite travailler pour construire la relation.

# 1. Instaurer la confiance

Deux variables critiques sont impliquées dans la construction de la confiance :

1. Fréquence de contact;

2. Engagements formels et tenus.

## Fréquence de contact

Les premières relations exigent un niveau élevé de fréquence de contact. Nous rencontrons tant de gens dans notre vie professionnelle qu'il est facile d'oublier quelqu'un. Toutefois, la fréquence de contact doit être équilibrée avec pertinence. Appeler quelqu'un pour discuter de la météo sera peu utile à la relation.

Les départements TI peuvent passer des mois sans contact direct avec un groupe ou département spécifique. Nous les contactons uniquement si un problème survient. Les leaders TI travaillent souvent avec le principe « Pas de nouvelles, bonnes nouvelles ».

Les départements TI de Niveau 4 ne sont pas d'accord avec cette approche. Ils visent une fréquence de contact d'au moins deux par mois. Nous n'incluons pas les réunions de groupe dans ces calculs (réunions de direction, par exemple). Nous parlons de connexions individuelles par des réunions, appels téléphoniques ou courriels.

Ces contacts renforcent la réputation du département TI soigneusement construite. Par exemple, ils peuvent donner un préavis sur une future initiative. Ils peuvent mettre rapidement le département TI au courant de l'état d'un problème ou ils peuvent entrer en contact pour s'assurer que tout se déroule comme prévu. L'important est qu'ils ne manquent jamais d'entrer en contact.

## Engagements formels et tenus

Bien sûr, organiser des réunions avec quelqu'un n'est pas suffisant pour instaurer la confiance. Vous devez également prouver que vous et votre organisation êtes fiables. Prendre de petits engagements est une façon d'y parvenir. Bien sûr, il faut les tenir. « Je vous reviens lundi ». « Je vais voir ce que John en pense ». « Je vous donnerai cette information d'ici mardi ».

Les engagements ne doivent pas nécessairement être grands - inutile de promettre de grands projets ou bénéfices. Un engagement peut être la promesse d'information, de suivi ou d'une enquête.

En prenant et tenant de petits engagements, vous établissez un modèle de fiabilité. Vous faites ce que vous dites, ce qui à son tour, améliore votre réputation et augmente donc votre niveau de confiance.

Les départements TI de Niveau 4 adoptent une approche systématique des engagements pris et tenus. Ils enregistrent tous les engagements qu'ils ont pris (notes de réunion, liste « à faire », etc.). Ils comprennent qu'ils ne peuvent pas se permettre de manquer un seul de ces engagements, en particulier au début d'une relation. Cela ne les empêche pas de prendre ces engagements. Ils font leur maximum pour créer des occasions de mettre en valeur leur fiabilité.

## Perdre la confiance

Les analystes politiques disent que Bill Clinton a été l'un des meilleurs hommes politiques au cours des dernières années. L'économie a progressé de 4 % par an sous ses mandats. Le taux de chômage a constamment diminué. Il a favorisé la négociation d'un traité de paix au Moyen-Orient. Peu importe votre penchant politique, il en a fait plus pour l'économie, la paix et les relations internationales que la plupart des hommes politiques.

Pourtant, ce n'est pas pour cette raison que nous nous souvenons de Bill Clinton. C'est à cause de Monica Lewinsky et le cigare. Un président qui trompe sa femme n'est pas un gros problème en soi. Kennedy était connu pour avoir une relation avec Marilyn Monroe. Le vrai problème, c'est que Clinton a menti à ce sujet et a tenté de redéfinir la définition de « sexe » pour couvrir ses mensonges. Au lieu de se blanchir, il a ruiné sa réputation et son héritage.

Il y a quatre façons de perdre la confiance :

- Capacité : ne pas livrer les projets ou initiatives, ne pas résoudre les problèmes ou questions, être imprévisible dans votre prestation de services;

- Crédibilité : rompre le lien de confiance, mentir ou parler derrière le dos de quelqu'un;

- Connectivité : manque d'écoute, manque d'empathie ou ne pas impliquer les autres dans le processus de prise de décision;

- Fiabilité : ne pas faire ce que vous avez dit, être désorganisé ou ne pas assurer le suivi.

Les départements TI de Niveau 4 reconnaissent combien il est difficile d'instaurer la confiance. À ce titre, ils travaillent sans relâche pour ne pas la perdre. Ils font en sorte de ne pas s'engager s'ils ne peuvent pas livrer. Ils n'agissent jamais de façons qui pourraient être considérées comme irrespectueuses envers leurs partenaires, même dans leurs propres réunions internes. Il est facile de perdre confiance. Beaucoup plus facile que de la gagner.

## Instaurer la confiance avec un département difficile

Le groupe opérationnel d'une société acquise il y a moins de deux ans fonctionnait d'une façon indépendante. Maintenant, nous leur demandions non seulement de travailler avec le reste de la société, mais aussi de suivre les normes TI de l'entreprise. Ils étaient très malheureux.

Ma première rencontre avec le vice-président fut difficile. Sa première réaction a été : « Je ne comprends pas pourquoi vous avez dépensé de l'argent pour venir ici. Je ne comprends pas ce que vous voulez ». Il était poli, mais distant.

Je l'ai questionné sur ses objectifs commerciaux, et il a dérobé la question, refusant de partager quoi que ce soit. Puis, je lui ai posé des questions sur ses problèmes TI et il est devenu beaucoup plus bavard :

- L'imprimante du deuxième étage se coince régulièrement;

- L'ordinateur de son assistante est lent;

- Le câble VGA dans la salle de conférence est trop court;

- Et plus.

J'avais une liste de plus de trente éléments de ce genre. J'ai quitté la réunion assez déçu. Je m'attendais à une réunion stratégique, à une discussion sur de vrais problèmes d'affaires, mais à la place, j'ai obtenu une liste de soucis techniques. Si j'avais su, j'aurais envoyé un technicien.

Pourtant, je n'ai pas hésité à relever le défi. J'ai pris note de toutes ces questions et j'ai fait un suivi pour chacune. J'ai fait en sorte que le câble soit remplacé, l'imprimante réparée et l'ordinateur mis à niveau. Si quelque chose ne pouvait pas être changé, j'en ai informé le vice-président.

Trois mois plus tard, je l'ai rencontré pour la deuxième fois et lui ai fait un rapport sur l'état de tous les éléments de sa liste. S'il était impressionné, il ne le montrait pas. À la place, il m'a donné une autre liste de linge sale. C'était assez clair qu'il me testait. Je n'ai pas cédé et j'ai traité tous les points de la deuxième liste.

Cela lui a montré que j'avais pris ce processus au sérieux. J'étais là pour l'aider et pour lui rendre la vie plus facile. J'étais digne de confiance en tant que partenaire. Au fur et à mesure que notre relation avançait, le niveau de confiance entre nous augmentait aussi. Il a commencé à se confier sur plusieurs questions stratégiques, partager ses enjeux et problèmes. Nous avons travaillé ensemble pour développer des solutions, et au fil du temps, nous sommes devenus de véritables partenaires.

Mais rien de tout cela ne serait arrivé si je n'avais pas réparé l'imprimante en premier.

## 2. Gérer activement les relations

« Échouer dans la planification, c'est planifier son échec. »

Les gestionnaires de compte commerciaux comprennent la nécessité de la gestion des relations. Après tout, les vendeurs sont rémunérés en fonction de leur capacité à bâtir la confiance et vendre des produits et services. Pour eux, la gestion des relations est une nécessité, c'est une seconde nature.

Mais lorsque nous parlons de la gestion des relations avec les gestionnaires TI, nous recevons un regard de dégoût : « Que voulez-vous dire, la gestion d'une relation? Ce n'est pas quelque chose qui se gère! »

Bien sûr que ça l'est.

Les relations d'affaires n'arrivent pas par accident. Les départements TI de Niveau 4 adoptent une approche systématique de la gestion des relations. Ils copient les gestionnaires de compte.

Pour certaines personnes, l'élaboration d'un plan de partenariat ne semble pas naturelle. Après tout, est-ce que nous planifions nos relations? Dans le monde des affaires, nous le faisons.

Si vous interagissez avec un fournisseur important, il est probable qu'il conserve un profil détaillé sur vous. Il a identifié les principaux décideurs, les facteurs d'influence et les obstacles. Il connaît vos problèmes et vos défis, votre processus de prise de décision et votre budget. Ce que vous pensiez être une relation amicale et personnelle est une interaction planifiée et systématique.

Avoir un plan pour gérer vos relations ce n'est pas mal. Cela ne diminue pas non plus l'intégrité de ces relations. Un plan vous aide à concentrer vos ressources.

## La différence entre les relations personnelles et professionnelles

Lorsque nous parlons avec les leaders TI des relations professionnelles, nous entendons souvent les mêmes commentaires : « J'ai une excellente relation avec mes collègues. Nous sortons souvent pour déjeuner et nous parlons souvent. »

Excellent. Sauf qu'avoir une excellente relation personnelle ne signifie pas que vous avez une bonne relation professionnelle.

Cela signifie également que vous pouvez développer une très bonne relation professionnelle même si vous n'avez pas de relation personnelle.

### Il s'agit de planifier TOUTES les relations

Quand je demande à un leader TI de me dire s'il ou elle bénéficie d'une bonne relation avec l'entreprise, il ou elle répond toujours oui. Mais quand je passe au travers chaque département un par un, ce n'est pas vraiment le cas. Ce n'est pas qu'ils ont une mauvaise relation, c'est qu'ils n'en ont pas du tout.

## Devenir un Niveau 4. Partenariats

Nous avons déjà parlé du fait que « les affaires » n'existent pas. C'est en fait une collection de services, d'unités d'affaires ou de régions. Essayer de traiter l'ensemble des activités comme une grande entité n'est pas seulement difficile, mais contreproductif.

Chaque département a ses propres priorités, enjeux et contraintes. Alors que tout le monde suit une stratégie d'entreprise commune, il y a beaucoup de variations au niveau départemental.

Par exemple, une organisation peut se donner comme objectif corporatif d'augmenter les ventes. Mais finance, production et transport pourraient s'en soucier peu. En fait, ils pourraient ne pas avoir du tout de rôle à jouer dans cette stratégie. Cela ne signifie toutefois pas qu'ils resteront inactifs pendant ce temps. Ils auront leurs propres objectifs à poursuivre, qui auront besoin de soutien TI.

La gestion des partenariats au niveau du département permet aux TI d'obtenir une vue d'ensemble des priorités et des contraintes. Elle permet de mettre les objectifs de l'entreprise dans le contexte départemental et d'attribuer les ressources adéquates. Plus important encore, elle empêche le département TI d'être aveuglé par de nouvelles priorités ou projets.

Pour l'aider dans cette tâche, nous avons mis au point le plan de partenariat. C'est un document concis qui répertorie les informations importantes sur chaque département. En seulement quelques pages, vous obtenez un aperçu de vos relations.

## Construire le plan de partenariat

La première fois que nous devons construire un plan de partenariat peut être particulièrement difficile. Non pas parce que les concepts sont étranges (bien qu'ils puissent l'être), mais parce que nous réalisons que nous ne savons presque rien sur nos partenaires.

Je construisais le plan de partenariat avec un client pour son service financier. Le département TI et les finances ont toujours été historiquement très proches. Mais quand nous construisions le plan, mon client a réalisé qu'il savait peu de choses sur ce service. Quels étaient leurs objectifs? Bien sûr, le client était au courant de ceux qui contenaient une composante TI, mais il ne connaissait pas les autres. Il ne se rendait pas compte que le respect des ratios bancaires était une lutte constante pour eux et que cela prenait une grande partie de leur attention.

C'est pourquoi la première itération du plan de partenariat est généralement plutôt vide. Et c'est très bien. C'est un point de départ.

Il y a trois étapes distinctes pour la gestion des partenariats. La première consiste à comprendre les priorités et les contraintes de votre partenaire. Ensuite, nous pouvons fixer des objectifs spécifiques à chaque partenaire. Ces objectifs peuvent être axés sur le partenaire lui-même (servir les autres) ou axés sur l'interne (nous servir). Enfin, les partenariats sont gérés sur le long terme. Nous verrons plus en détail chaque étape. Pour nous aider à comprendre, nous utiliserons l'exemple d'un département Logistique.

## Étape 1. Comprendre

La première étape du plan de gestion du partenariat est de comprendre vos partenaires. Mais que signifie exactement comprendre un partenaire? En un mot, cela signifie que nous comprenons ce qu'ils font au jour le jour.

Comprendre les partenaires signifie obtenir les informations suivantes :

- Les partenaires eux-mêmes : les départements, unités d'affaires ou d'autres éléments de votre organisation;

- Les intervenants : les personnes faisant partie des différents partenaires;
- Les priorités : les buts, les objectifs et les contraintes de chaque partenaire ;
- Les projets : les projets demandés, approuvés et en cours d'exécution de chaque partenaire.

Jetons un coup d'œil à chacun.

## Qu'est-ce qu' un partenaire exactement?

Pour répondre à cette question, nous nous réfèrerons à votre organigramme. Certaines organisations utilisent les départements comme principale structure organisationnelle. D'autres utilisent les régions. Les unités d'affaires et les groupes fonctionnels sont aussi très populaires. Finalement, certains utilisent une combinaison de plusieurs éléments (structure type matrice).

La définition de vos partenaires devrait suivre votre organigramme afin de garder les choses simples. Nous voulons utiliser la même terminologie que votre organisation utilise. La plupart des organisations utilisent encore les départements traditionnels (tels que les finances, les ressources humaines, les opérations, la logistique, etc.) et nous prendrons ce modèle en exemple. Cependant, ce modèle est facilement adaptable pour les régions, les structures type matrice ou les projets.

## Les intervenants

Comme il n'y a pas « d'affaires », il n'y a pas non plus de département. Nous établissons des relations avec les personnes et non pas avec des entités. Il est donc important d'identifier qui sont les personnes au sein de chaque partenaire.

Les intervenants sont les personnes qui font partie de l'organisation du partenaire. Le plus évident est le chef du département, celui qui est responsable du département, mais on ne s'arrête pas là. Sauf s'il s'agit d'un petit département, il y a des chances que vous soyez en contact avec d'autres personnes également. Le service pourrait être assez grand pour avoir des sous-groupes si différents qu'ils nécessitent d'avoir leurs propres intervenants.

## Rôles

Les intervenants ne sont pas tous les mêmes. Ils ont un niveau d'autorité et d'influence variable dans leurs départements respectifs.

La personne à la tête du partenaire (par exemple, vice-président des ventes) est généralement le décideur. Le décideur est celui qui a le dernier mot à propos de ce qui se passe dans son département. Sa contribution et son soutien sont essentiels, car rien ne serait fait sans eux. Ils ne sont pas nécessairement impliqués dans le travail au jour le jour, ayant relégué ceci à leur bras droit.

Bras droit. Le bras droit a une relation forte avec le décideur. Le décideur s'appuie sur le bras droit pour gérer les petites choses. Cela le libère pour se concentrer sur d'autres tâches. Dans certains cas, le bras droit aura également un certain niveau de compréhension des TI. Il risque d'être au courant des tendances dans les applications utilisées dans son industrie.

Avoir une bonne relation avec le décideur est important. Cette personne pourrait cependant ne pas vouloir une relation avec vous. Elle pourrait préférer demander à son bras droit de développer une relation et s'engager quand il est nécessaire.

Les départements TI ont tendance à refuser cet arrangement, préférant traiter directement avec le chef.

Il faut toutefois garder en tête que le décideur pourrait avoir déléguée la plupart des questions opérationnelles, et non seulement les TI. Son second risque de traiter la plupart des décisions opérationnelles. Ne pas l'impliquer serait une erreur critique.

Pour garder les choses simples, nous attribuons un niveau de priorité à chaque intervenant. Les décideurs se voient généralement assigner un « haut » niveau de priorité, les gens avec qui nous traitons de façon opérationnelle ont un niveau « normal » tandis que les autres reçoivent « faible ». Cela contribue à déterminer où les efforts seront mis pour développer des relations. Quelqu'un avec un niveau faible de priorité ne souhaite probablement pas passer beaucoup de temps avec vous de toute façon.

## L'état des relations

Comme nous l'avons vu plus tôt, les relations passent par quatre états prévisibles : émergente, transactionnelle, valeur ajoutée et partenariat. Comprendre où vous en êtes avec chacun des intervenants aide à comprendre la relation avec l'ensemble du partenaire.

- **1. Émergente** : Il n'y a aucune relation proprement dite. La relation ne fait que commencer et nous nous connaissions à peine au niveau de l'entreprise.

- **2. Transactionnelle** : Le niveau de confiance est faible. La plupart des interactions entre l'informatique et le département sont autour de demandes spécifiques.

- **3. Valeur ajoutée :** Le niveau de confiance est à la hausse, car l'organisation ou le département réalise la valeur que le département TI apporte à résoudre ses problèmes.

- **4. Partenaire stratégique** : Le plus haut niveau de confiance. Le département TI fait partie de l'équipe du client, fournissant conseils et assistance.

Par exemple, vous pourriez avoir une forte relation de partenariat avec le vice-président des ventes, mais peu ou pas de relation avec quelqu'un d'autre dans le département des ventes. Cela vous met dans une situation difficile où toutes vos informations et directives viennent uniquement du chef des ventes, qui risque de ne pas être au courant des enjeux opérationnels. Cela signifie également que si le chef des ventes devait s'en aller, vous devrez reconstruire la relation à partir de zéro.

## Les attentes du rôle

Les intervenants ont aussi des attentes différentes de la part du département TI. Certains pourraient vouloir que le TI agisse comme un Majordome ct faire tout ce qui lui est demandé. D'autres pourraient vouloir que le département TI fournisse une orientation, comme une Institutrice.

Nous avons parlé de l'importance de l'alignement. L'alignement est également nécessaire au sein des partenaires. Les intervenants d'un même département risquent d'avoir des opinions différentes sur le rôle des TI. Si le décideur veut un Comptable, il sera difficile de faire autrement, même si le bras droit veut une Agente.

Comprendre les attentes du rôle des intervenants permet également de définir le type d'interaction que nous devrions avoir avec eux.

Les différents rôles sont :

| Rôles | |
|---|---|
| **Comptable** | Met l'accent sur la maîtrise des coûts. |
| **Majordome** | Met l'accent sur la livraison d'excellents services. |
| **Institutrice** | Prend le premier rôle dans l'orientation. |
| **Agente** | Joue le rôle d'un partenaire stratégique. |

## Définir les priorités

*« L'entreprise n'a aucune stratégie! »*

S'il y a une chose que j'entends tout le temps de la part des leaders TI, c'est bien celle-ci. Chaque fois, ils se trompent. Ce qu'ils devraient plutôt dire est : « L'entreprise n'a aucune stratégie que nous connaissons! »

C'est vrai que ce n'est pas parce qu'une entreprise n'a pas un document de stratégie qu'elle n'a pas de stratégie. Il se peut que les leaders affaires aient une vision claire de l'endroit où ils vont. Cette vision peut varier d'un département à l'autre.

## Types de priorités

Les priorités se présentent sous différentes formes et saveurs. Pour leur donner un sens, nous aimons les classer en six groupes différents :

- **Règlementaires** : le partenaire n'a pas d'autre choix que de le faire. Il peut s'agir d'une nouvelle règlementation gouvernementale (nouveau taux d'imposition en vigueur) ou d'une directive de l'entreprise. Il ne faut pas s'attendre à des bénéfices à court terme, cela doit seulement être fait.

- **Augmenter la productivité** : l'une des priorités les plus populaires de nos jours. Il semble que tous les départements vivent des coupes budgétaires ou la nécessité d'absorber la croissance au sein de leur budget actuel. Une grande priorité est de faire plus avec moins. Cela peut vouloir dire de nouveaux processus d'affaires, nouveaux outils ou d'abandonner de vieilles pratiques.

- **Augmenter les ventes** : cette priorité est populaire dans le département des ventes, ou dans une région.

- **Réduire les coûts** : pareil que pour la productivité, elle vise à réduire les dépenses. Cela peut inclure la réduction du coût des matières premières, des services professionnels ou encore se séparer d'une partie du personnel.

- **Programme / mission** : les priorités liées directement à la mission de l'organisation. Typiquement pour le secteur public et à but non lucratif.

- **Autres** : tout ce qui n'entre pas dans les catégories précédentes.

Pourquoi est-il important de classer les priorités? Premièrement, cela vous permet de voir la préoccupation principale de votre partenaire. Une organisation qui met l'accent sur l'augmentation des ventes ne se préoccupera pas de la réduction des coûts. Au lieu de cela, elle préfère mettre toute son attention sur le développement des affaires. Ainsi, venir avec une idée pour réduire les coûts n'attirera pas beaucoup leur attention. De même que parler d'opportunité de croissance avec quelqu'un qui a du mal à augmenter la productivité sera inutile. Il se concentre sur la survie quotidienne.

Deuxièmement, cela vous permet de voir à quel point ce partenaire est différent du reste de l'organisation. Pendant que l'organisation se force à réduire les coûts, le département TI pourrait se battre pour faire face à l'augmentation de la charge de travail. L'organisation pourrait être axée sur la productivité tandis que le marketing met l'accent sur la commercialisation d'un nouveau produit ou service.

Comprendre comment chaque partenaire se distingue du reste de l'organisation vous aide à comprendre ses priorités.

## Définir des projets

Les projets sont les initiatives du département TI qui touchent les autres départements. Vous avez probablement déjà de nombreux projets en route, chacun étant spécifiquement pour un département ou encore pour l'organisation en général. Chacun de ces projets a le potentiel d'apporter une contribution aux priorités du département.

Chaque projet peut être classé dans les mêmes six catégories que nous utilisons pour les priorités.

- **Règlementaires** : le partenaire ou l'organisation n'a pas le choix. Des contraintes d'affaires (loi, règlementation) ou des contraintes technologiques (sécurité, obsolescence) rendent ce projet obligatoire.
- **Augmenter la productivité** : améliorer la productivité des employés.
- **Augmenter les ventes** : améliorer les revenus.
- **Réduire les coûts** : réduire le coût de la matière première, les ressources ou les frais généraux (y compris les ressources humaines).
- **Programme / mission :** les priorités liées directement à la mission de l'organisation. Typiquement pour le secteur public et à but non lucratif.
- **Autres** : Tout ce qui n'entre pas dans les catégories précédentes.

Cette catégorisation des projets nous permet de voir les domaines d'impact de nos projets et l'ensemble du portefeuille. Si 95 % des projets sont inscrits autour de la productivité, mais la plupart des priorités de l'organisation sont autour de l'augmentation des revenus, nous pouvons voir une déconnexion évidente.

Cette catégorisation peut nous aider à gérer notre portefeuille de projets pour donner le maximum de valeur à l'organisation. Elle nous aide à identifier les zones négligées, ou les domaines de dépenses excessives.

## Évaluer les partenariats

Un thème central de ce livre est la nécessité de mesurer. Les partenariats ne font pas exception. Les informations précédentes nous permettent de calculer les indices suivants.

| Métriques | Définition | Calcul |
|---|---|---|
| **Indice de satisfaction des usagers** | Utilise une variante de la *Net Promoter Score*, un indicateur-clé couramment utilisé par les clients. | % d'utilisateurs satisfaits ou très satisfaits -% d'utilisateurs insatisfaits ou très insatisfaits |
| **Indice de relation** | Mesure le nombre d'intervenants avec un niveau de relation d'au moins trois. Valeur ajoutée. Idéalement, chaque département en aurait au moins trois. | 0,30 points par partie prenante ayant un statut de relation d'au moins 3, plafonne à 1,00 |
| **Indice d'alignement du projet** | Fournit un rapport des priorités activement soutenues par les TI. Il donne également un sentiment l'importance du TI pour leur avenir. | % des priorités soutenues par au moins un projet |
| **Indice de la valeur commerciale simplifiée** | L'indice de valeur commerciale est le produit de tous les trois indices précédents. Il donne une idée générale de la valeur que le TI fournit au département. | Indice de satisfaction utilisateur * Indice de relation * Indice d'alignement du projet |

L'indice que nous utilisons dans notre système de gestion de partenariat est un peu plus complexe. Pour les besoins de cet ouvrage, nous avons simplifié l'indice de valeur commerciale, afin qu'il puisse être facile à calculer. Ces indicateurs ne sont pas parfaits, loin de là, mais nous avons constaté à maintes reprises que c'est une bonne approximation de la perception de la valeur par les dirigeants des unités d'affaires.

Un département TI qui n'a pas de projets en cours pour un département spécifique est important, mais seulement en tant que fournisseur des services de base. Il ne joue pas un rôle stratégique et donc le score sera très faible. En revanche, un département TI qui a plusieurs projets qui prennent en charge les priorités du département pourrait avoir un score élevé sur l'Index de l'alignement du projet, mais si les utilisateurs ne sont pas satisfaits l'Indice de valeur commerciale simplifiée sera bas. Les indices ne sont pas cumulatifs, ils sont multiplicatifs. Si l'une des mesures est proche de zéro, alors l'indice de valeur commerciale globale est proche de zéro.

## Exemple : Service Logistique

Construisons un plan de partenariat ensemble. Le service logistique de la compagnie *BigCorp Inc.* est un groupe de transport traditionnel qui essaie de se réinventer. Pendant longtemps, il s'est concentré sur l'optimisation de ses actifs (camions), afin qu'ils ne roulent pas à vide. Chaque fois qu'un camion roulait sans une charge pleine, c'était littéralement de l'argent laissé sur la table.

Durant les dernières années, la compagnie *BigCorp* s'est concentrée davantage sur le client. Elle propose maintenant les livraisons en fonction des préférences de son client. Si *BigCorp* s'est engagé à livrer le matériel mardi à 11:00, alors vous pouvez parier que ce sera fait. Cette révision est en partie causée par les exigences des grands magasins de détail, qui ont des créneaux de livraison stricts et d'énormes pénalités s'ils ne sont pas respectés.

Mais cette transformation, pourtant réussie, a été très coûteuse pour la compagnie *BigCorp*. Il y avait bon nombre de camions avec moins d'un chargement complet et une pression considérable pour changer cette situation.

Bob Logistique, vice-président de la logistique, sent la pression. Mark a beaucoup d'expérience dans la logistique et veut transformer son département. Cindy Route, responsable de l'optimisation des routes et Mark Maintenance, responsable de la partie de l'entretien, travaillent avec lui. Le département TI a déjà une assez bonne relation avec Bob, mais pas de vraie relation avec Cindy ni Mark.

Nous en savons déjà assez pour commencer à construire notre plan de partenariat.

| Partie prenante | Titre | Priorité | Statut de la relation |
|---|---|---|---|
| Bob Logistics | VP Transport | Élevé | 3. Valeur ajoutée |
| Cindy Planning | Directrice planification des routes | Élevé | 1. Émergent |
| Mark Maintenance | Directeur maintenance | Standard | 1.Émergent |

| Priorités | Parties prenantes | Catégorie | Projets |
|---|---|---|---|
| Améliorer l'utilisation des actifs | Bob Logistics | Productivité | 0 |
| Réduire la consommation d'essence par arrêt | Cindy Planning Bob Logistics | Réduction des coûts | 1 |
| Réduire les coûts de l'inventaire de pièces | Mark Maintenance | Réduction des coûts | 1 |

Nous voyons que la logistique est surtout préoccupée par la réduction immédiate des coûts. Le défi est bien sûr de le faire sans en affecter le service. Mais cette vue d'ensemble nous dit aussi quelques petites choses. Tout d'abord, le projet d'entreprise pour améliorer la collaboration à travers un système de gestion des documents n'attirerait probablement pas beaucoup leur attention maintenant, car il ne s'aligne avec aucune de leurs priorités. Ensuite, Mark n'a pas les mêmes priorités que son patron. Les initiatives de Mark sont-elles plus faibles en priorité que celle de Cindy? Il y a des chances que ce soit le cas.

Nous savons aussi que nous avons trois projets à l'étude en ce moment. On mettra donc en place un système pour optimiser les itinéraires, un autre pour gérer les stocks de pièces détachées. Ils sont tous à différentes étapes d'approbation.

| Projets | Partie prenante | Date | Statut d'approbation |
|---|---|---|---|
| Système d'optimisation des routes | Cindy Planning Bob Logistics | 01/12/2014 | Approuvé |
| Impartition de l'inventaire de pièces | Mark Maintenance | 12/10/2014 | Évalué |

Nous commençons à obtenir une assez bonne image du département de Bob. Nous comprenons les trois principaux acteurs, leurs priorités et les projets sur lesquels ils travaillent à ce moment. Nous comprenons également le niveau de relation que nous entretenons avec eux et nous pouvons reconnaître que Cindy deviendra importante pour nous dans la prochaine année. De plus, puisque nous avons mis en place des enquêtes de satisfaction utilisateur depuis quelques mois, nous avons une assez bonne idée du niveau de satisfaction. Cela nous permet de calculer l'indice de valeur commerciale.

| Indice de satisfaction utilisateur | Indice de relation | Index d'alignement du projet | Indice de la valeur commerciale |
|---|---|---|---|
| 0.65 | 0.30 | 0.66 | 0.13 |

Cela nous donne un Indice global de la valeur commerciale simplifié (sBVI) de 13%. Ce n'est pas très bon, mais nous voyons aussi qu'en bâtissant simplement une relation avec Cindy et Bob, nous serions en mesure de le porter à 39 %. C'est logique, car cela nous donnerait une relation plus approfondie comprenant moins de risque si Bob devait quitter l'organisation.

## Information imparfaite

Que se passe-t-il quand on sait très peu de choses sur notre partenaire? Nous sommes souvent confrontés à cette situation dans nos ateliers avec nos clients. Les choses vont bien pour les finances et ressources humaines, mais l'information devient un peu plus légère quand on parle de ventes. Elle disparaît quand on parle des opérations, le transport et autres. Au point où nous avons du mal à identifier les intervenants, et de la facilité à déterminer les priorités. La réalité est que nous en savons plus que nous le pensons, l'information étant distribuée dans de nombreuses têtes.

Une autre information facile à recueillir est la façon dont ils utilisent les services TI aujourd'hui. Une mesure que j'aime est le nombre d'appels au centre d'assistance par mois de la part des utilisateurs. Cela nous donne une idée rapide de la façon dont les utilisateurs agissent dans leur organisation. Sachant que la moyenne dans l'industrie est d'environ un appel par utilisateur par mois, celui qui en a plus pourrait avoir des soucis de fiabilité ou de formation, et celui qui en a moins pourrait avoir abandonné, jugeant que les TI ne peuvent pas l'aider. Comprendre comment chaque partenaire varie par rapport à l'organisation aide à voir qui sont vos utilisateurs, et qui devraient l'être. Comprendre quels services ils utilisent contribue également à définir quel type d'usagers ils sont. Est-ce qu'ils demandent plus ou moins de projets que le reste de l'organisation?

Un deuxième type de mesure qui est utile est la satisfaction des utilisateurs. Sont-ils plus ou moins satisfaits que la moyenne de l'organisation? Sentent-ils que leurs besoins de base sont satisfaits? Nous constatons souvent que les départements qui sont toujours insatisfaits ont simplement des services qui ne sont pas adaptés à leurs besoins. Un département d'ingénierie appelant moins que le reste de l'organisation pourrait trouver l'assistance trop faible. Les utilisateurs préfèrent s'entraider et appellent le centre d'assistance seulement quand ils n'ont pas le choix. D'autre part, un groupe de finance qui appelle le centre d'assistance plus que la moyenne sera également mécontent, mais parce qu'il n'a pas les compétences pour effectuer des opérations de base.

La compréhension de ces différentes réalités permet de définir des stratégies pour mieux les servir.

## Étape 2. Fixer des objectifs

Comme nous commençons à obtenir une bonne compréhension de tous nos partenaires, il est maintenant temps de décider ce que nous voulons accomplir avec eux.

Certains de mes clients s'y perdent quand je parle de fixer des objectifs avec chaque département. La plupart d'entre eux répondent quelque chose du style « Leurs objectifs sont nos objectifs. Après tout, nous sommes là pour les servir? »

Bien sûr, notre mission est d'aider les départements, mais le partenariat va dans les deux sens. Les départements devraient obtenir de vous ce dont ils ont besoin pour fonctionner efficacement et vous devriez obtenir d'eux ce dont vous avez besoin pour répondre à vos propres objectifs.

Avoir des objectifs clairs pour chaque département permet à l'équipe TI de s'aligner. Le chef de projet peut les garder à l'esprit dans son prochain projet ; le gestionnaire de service d'assistance peut éliminer les sources de frustration ou de coûts.

## Objectifs

| Type | Définition | Exemple d'objectifs |
|---|---|---|
| Règlementation | Les obligations que le TI doit satisfaire : La sécurité des systèmes d'entreprise L'intégrité des données | Réduire le nombre d'utilisateurs en utilisant des programmes de partage de fichiers non autorisés. |
| Productivité | Améliorer la productivité du personnel informatique Réduire la quantité de travail à accomplir | Réduire le nombre d'appels au centre d'assistance de 1,6 par utilisateur et par mois pour les organisations moyennes à 1,1 appel par utilisateurs par mois. |
| Réduction des coûts | Réduire l'utilisation des ressources informatiques | Réduire le nombre de licences utilisateurs pour le système ERP de l'entreprise. Réduire l'impression |
| Relations | Développer ou améliorer le niveau de la relation avec les différents intervenants | Participer aux rencontres départementales |
| Autres | Tout ce qui n'entre pas dans les catégories précédentes. | |

## Développement des objectifs

Les objectifs ne peuvent pas être développés en isolation. Cela nécessite la participation des différentes parties du département TI.

L'une des meilleures façons de faire est d'utiliser une séance de planification du partenariat. Avec nos clients, nous avons constaté que c'est le moyen le plus rapide à ce jour non seulement pour développer les plans, mais aussi pour mettre tout le monde dans l'équipe TI au courant de l'état des relations.

Généralement, nous consacrons une heure chaque mois pour mettre à jour des plans. Cette réunion avec les principaux leaders TI et les gestionnaires de relation vise à mettre à jour deux ou trois plans. Bien sûr, cela suppose que le propriétaire du plan a fait ses devoirs à l'avance.

Tout au long de la séance, nous passons en revue les éléments suivants :

- Les intervenants, pour voir s'il y a eu des changements, tant dans les personnes que dans l'état des relations.
- Les priorités : est-ce que certaines priorités ont changé? Est-ce qu'il y en a de nouvelles?
- Les projets : nouveaux projets identifiés? D'anciens projets n'étant plus pertinents?
- Objectifs : quels devraient être nos buts et objectifs? Les avons-nous accomplis? Sont-ils toujours pertinents?

## Exemple : Logistique (deuxième partie).

Continuons de bâtir notre plan de partenariat avec notre exemple Logistique de la compagnie *BigCorp*.

Nous tournons maintenant notre attention vers leur utilisation des services TI. Nous avons examiné les résultats de satisfaction utilisateur de ces derniers mois et nous voyons que le département logistique est toujours plus faible que le reste de l'organisation.

L'un des principaux problèmes semble être l'équipement et la connectivité, ce qui a beaucoup de sens. Nous savons que les chauffeurs sont sur la route, souvent avec peu d'accès au réseau mobile, ce qui rend difficile pour eux de rester en contact et de réagir aux changements de route par exemple. Ce n'est pas tout; nous voyons aussi que les employés de bureau se plaignent de la performance des applications. Le suivi d'itinéraire et l'optimisation des systèmes demandent beaucoup de puissance pour intégrer en permanence toutes les données et les analyser en temps réel. Les utilisateurs se plaignent que les systèmes sont lents et difficiles à utiliser.

Mais quand on regarde le nombre de billets, nous voyons qu'ils sont nettement inférieurs à la moyenne. Alors que nous nous y attendons de la part des chauffeurs de camion, nous voyons le même schéma pour les employés de bureau. Est-ce parce que les utilisateurs ont moins de problèmes que la moyenne ou simplement ont-ils abandonné le centre d'assistance? Si l'on considère les scores de satisfaction, ils y auraient renoncé.

Le leader TI et le directeur des relations sont préoccupés par ces résultats. Si le TI met en place de nouveaux systèmes et change la façon dont ils travaillent, ils doivent s'assurer que les utilisateurs seront sensibles à ces changements. Si le TI ne dispose pas de crédibilité suffisante, les utilisateurs résisteront au changement et le projet pourrait devenir un échec. Le coordinateur logistique reviendra à sa vieille méthode de planification sur papier et abandonnera simplement les systèmes.

Ainsi, l'une des priorités de l'équipe est d'améliorer le niveau de satisfaction de l'équipement et du soutien. Le projet exige le remplacement du matériel de toute façon, alors peut-être que le remplacer à l'avance mènera vers l'augmentation de la satisfaction.

La priorité est également d'amener les gens à utiliser le support. Nous devons d'abord comprendre comment ils l'utilisent aujourd'hui (quel type de billet ils créent) et la raison pour laquelle ils n'appellent plus. Il faut aussi établir des relations avec les chauffeurs de camion, car ils n'ont jamais été de grands utilisateurs dans le passé. Un programme de sensibilisation qui comprend des exemples du moment où il serait utile d'appeler les aiderait à comprendre le rôle du support.

Enfin, nous reconnaissons également que Cindy jouera un rôle majeur.

| Objectifs | Catégorie | Statut |
|---|---|---|
| Développer la relation avec Cindy Planning | Alignement | En attente |
| Améliorer le taux d'utilisation des feuilles de temps chez les chauffeurs | Règlementaire | En attente |
| Réduire le nombre de remplacements urgents | Productivité | En attente |
| Réduire le nombre d'appels au centre d'assistance | Productivité | En cours |

Les membres de l'équipe ont aussi commencé la planification d'activités pour eux-mêmes. Leur première activité était de développer le plan de partenariat (qui est maintenant faite, ils peuvent donc fermer cette activité). Les activités constituent les objectifs qui devraient également faire partie de ce tableau pour qu'ils puissent être suivis.

| Activité | Partie prenante | Type | Statut |
|---|---|---|---|
| Analyser la lenteur de l'outil de planification des routes | Cindy Planning | Tâche | ouverte |
| Analyser le bas taux de satisfaction des chauffeurs envers leurs équipements | Bob Logistics | Tâche | Ouvert |
| Planifier une rencontre avec Bob Logistics | Bob Logistics | Rencontre | Ouvert |

Nous avons maintenant un plan de partenariat complet. Le processus pour construire le plan de partenariat n'est ni long ni difficile, mais il faut parfois des informations que nous n'avons tout simplement pas sous la main. C'est pourquoi il s'agit d'un processus interactif.

## Étape 3. Gestion de la relation

Lorsqu'un plan a été établi, le vrai travail commence. Maintenant, il s'agit de faire évoluer le plan, atteindre les objectifs et en fixer de nouveaux. Les intervenants, les priorités et les projets évoluent, le plan nous aide à nous y adapter. La meilleure façon de gérer la relation est à travers un mécanisme formel, une réunion de révision du partenariat.

## La réunion de révision du partenariat

Toute relation passe par différents points de friction. Au fur et à mesure que la relation évolue, il est facile de tenir l'autre pour acquis, jusqu'à supposer que l'autre personne ou organisation est la même qu'il y a quelques années. Mais la réalité est différente. Les gens évoluent. Là où il y avait une fois la confiance, il y a peut-être maintenant le doute. De petits problèmes ou soucis peuvent devenir grands. Les communications peuvent être mal interprétées.

Les directeurs de comptes commerciaux ont réalisé il y a longtemps que la relation a besoin d'une révision périodique. La réunion périodique permet au gestionnaire de compte de réinitialiser la relation, de traiter et de résoudre les problèmes (s'il y en a) et de comprendre comment leur client évolue. Sans ces réunions périodiques, la relation se détériorerait et ne serait plus pertinente.

Nous leur avons donc emprunté le concept de la révision trimestrielle et l'avons adapté au contexte d'un prestataire de service interne. Pour lui enlever le côté « ventes », nous l'appelons « révision des partenariats ».

La révision du partenariat a trois objectifs principaux :

1. Démontrer notre crédibilité;
2. Supprimer les facteurs de mécontentement;
3. Promouvoir l'alignement.

## 1. Crédibilité

Le premier objectif est de démontrer sa crédibilité comme fournisseur de services. On le fait en étant totalement transparents sur nos performances pour la dernière période. L'utilisation d'indicateurs de performance aide les partenaires à voir l'évolution de votre service (il s'améliore ou faiblit?) et montre que la performance des services de base est une priorité pour votre organisation.

Il est tentant de dissimuler notre mauvaise performance, et de justifier les questions ou les problèmes en blâmant les facteurs externes ou les partenaires, mais cela ne change pas le fait qu'aux yeux de nos partenaires, nous en sommes responsables. Il est donc préférable de prendre la responsabilité, même pour des choses qui sont en dehors de notre contrôle. Après tout, nous sommes les seuls responsables de fournir le service.

Nous démontrons également notre crédibilité en prouvant que nous avons fait ce que nous avons promis. En faisant un examen approfondi de tous les engagements que nous avons pris, leur statut et les prochaines étapes (s'ils ne sont pas fermés), nous montrons que nous sommes fiables. C'est également utile de confirmer que le problème est en effet résolu.

## 2. Supprimer les facteurs de mécontentement

Le deuxième objectif de la révision du partenariat est d'éliminer les facteurs de mécontentement qui auraient pu s'y glisser depuis la dernière réunion. Il se peut que de petites irritations soient apparues. Elles pourraient être dans les services de base (l'imprimante rend la vie dure) ou quelque chose de plus sérieux, comme la façon dont un projet est géré.

Il y a des chances que le partenaire n'ait pas pris la peine de créer un billet ou de vous appeler, les problèmes semblant trop insignifiants pour justifier le temps passé à les résoudre. Cependant, les questions triviales ont tendance à s'accumuler et à devenir des irritants majeurs. La relation peut mourir à petit feu.

## 3. Promouvoir l'alignement

Le troisième objectif est de promouvoir l'alignement avec le partenaire. Comprendre ou confirmer ses priorités et contraintes majeures, le département TI peut aligner ses activités, projets et choix dans la même direction.

Alors que l'alignement est l'un des principaux objectifs de cette réunion, il n'arrivera pas si le partenaire n'est pas convaincu que vous êtes digne de leur temps. C'est pourquoi les premiers examens de compte ont tendance à se concentrer sur les objectifs 1 et 2. Lorsque le niveau de confiance s'améliore, le partenaire s'ouvre pour discuter de l'alignement.

## L'ordre du jour de la révision du partenariat

Au cours des dernières années, nous avons développé et testé avec nos clients l'ordre du jour suivant. Pour être réussie, la réunion de révision du partenariat doit être courte. Personne ne veut passer son temps à lire des pages et des pages de statistiques, de graphiques et autres. Idéalement, la réunion ne devrait pas durer plus de trente minutes, au moins sur l'ordre du jour prévu.

Ordre du jour de la réunion de révision du partenariat :

- 1. Performance opérationnelle : la performance des services fournis par les services TI.

- 2. Utilisation du service : les façons dont le client utilise les services fournis par rapport à d'autres groupes. Possibilités d'améliorer l'utilisation des services.

- 3. Orientation et priorités : les projets qui seront traités comme une priorité pendant le prochain trimestre.

- 4. Projets et les principales étapes.

- 5. Statut et enjeux : des enjeux en cours et leur statut depuis la rencontre précédente.

- 6. Évènements à venir : un résumé des évènements qui auront un impact sur le partenaire.

Puisque la relation se développe, le partenaire prendra simplement la valeur nominale de la performance opérationnelle et passera en vitesse les premiers points. Les réunions déraillent fréquemment pour parler de nouvelles initiatives et objectifs commerciaux, ce qui est excellent. Après tout, c'est pourquoi nous tenons la réunion en premier lieu, mais la conversation ne devrait pas être dirigée dans cette direction avant que les sujets de base n'aient été couverts, même si cela se fait rapidement.

## Les participants

La personne responsable de la relation du côté du département TI (GRC, leader TI ou équivalent) devrait assister à cette réunion, car elle est la principale intervenant ainsi qu'un ou deux de ses collègues.

Il peut devenir tentant d'impliquer les chefs de projet, les gestionnaires de services informatiques, l'analyste d'affaires et d'autres encore. Bien que cela aide à garder tout le monde impliqué, ça irait également à l'encontre du but : construire une relation. Cela fera également glisser la conversation vers des questions plus opérationnelles comme les questions de projet. Garder le nombre de participants restreints aidera à orienter la discussion, à garder la réunion courte et à faire en sorte que personne ne l'annule à l'avenir.

## Fréquence

Nous recommandons de tenir une réunion par trimestre. Si nous en tenons plus fréquemment, nous serons rapidement à court de sujets, un moyen sûr de pousser les intervenants à annuler la réunion à la dernière minute. Si nous en tenons moins souvent, elle perd sa pertinence, les questions ayant été résolues au moment de la réunion. Tous les trois mois semble être la fréquence idéale pour la plupart de nos clients.

Nous ne devrions toutefois pas attendre la réunion suivante pour aborder les questions. En fait, la réunion trimestrielle ne devrait apporter rien de nouveau sur la table. Elle devrait tout simplement être un récapitulatif de la situation. Toutes les questions, les problèmes ou les défaillances opérationnelles devraient être communiqués dès qu'elles se produisent. Par conséquent, on s'attendrait à avoir une communication beaucoup plus fréquente que la réunion trimestrielle d'examen du partenariat.

## Exemple et modèle de révision de compte

Avoir un document d'appui rend la réunion toujours plus facile. Par contre, dans ce cas, moins c'est plus. Nous recommandons de s'en tenir à six pages (une par point de l'ordre du jour).

Vous pouvez télécharger un modèle et un exemple de document d'examen de compte sur notre site GreenElepahntTeam.com/VCTI.

## Questions fréquentes

En collaboration avec nos clients, j'ai identifié les principaux problèmes qui se posent lors des révisions de partenariat.

## 1. Planifier la réunion

La première étape de la révision du partenariat est d'obtenir effectivement un rendez-vous avec la personne responsable. Au début de la relation, on voit souvent les personnes concernées déléguer leur présence, annuler à la dernière minute (« quelque chose est intervenu, on doit retarder la rencontre ») ou simplement refuser la réunion.

De toute évidence, c'est le premier (et le plus grand) signe que le responsable ne voit pas l'utilité de vous rencontrer. Il ne croit pas que le département TI puisse lui apporter des bénéfices ou au moins, que ça en vaille la peine.

Une stratégie qui fonctionne bien est d'envoyer un résumé du déroulement de la réunion. Il doit contenir peu de lignes. Sinon, l'intéressé ne le lira pas. Voici un exemple :

Bonjour John. Je comprends que vous êtes trop occupé pour une réunion en ce moment. Permettez-moi de vous donner la version concentrée.

- La performance des services informatiques était à 97% pour le dernier trimestre, en hausse de deux points.
- Votre département enregistre deux fois plus de demandes d'assistance que le reste de l'organisation. Nous travaillerons avec votre personnel pour voir ce qui est derrière tout cela. Je vous mettrai au courant sur ce sujet lors de notre prochaine réunion trimestrielle.
- Vos trois meilleurs projets sont encore verts. Nous ne prévoyons pas de problèmes.

Appelez-moi si vous souhaitez en discuter.

Personne n'aime être différent. Apprendre que son service utilise le centre d'assistance deux fois plus que la moyenne attisera peut-être sa curiosité, sans doute assez pour vous accorder une réunion la prochaine fois.

## 2. L'incrédulité envers les mesures de performance

« Performance de 97%, oui, bien sûr! Le système est en panne presque tous les jours! »

Les leaders affaires obtiennent la plupart de leurs informations sur la performance du département TI de la part de leur propre personnel. Si l'un des indicateurs est en conflit avec sa perception du service, une dissonance cognitive se produira et il la rejettera tout simplement.

C'est pourquoi il est très important que la métrique soit une représentation exacte de la réalité POUR L'UTILISATEUR. Dire que les serveurs avaient 99,999% de disponibilité signifie peu pour l'utilisateur, surtout si le réseau est en panne quotidiennement.

Il y a aussi le fait que le département TI est utilisé pour beaucoup d'excuses : « ma présentation n'est pas prête parce que le système était lent ». « Mon ordinateur a planté, je ne pouvais pas terminer le rapport TPS ». C'est l'équivalent de « le chien a mangé mon devoir » du monde professionnel. Malheureusement, cette excuse est encore très répandue.

Comment quelqu'un peut-il travailler avec cette idée fausse? Simplement en avouant : « Vous n'avez pas l'air être d'accord avec la mesure de la performance, est-ce qu'il y a quelque chose que je devrais savoir? », se porter volontaire pour parler aux employés qui disaient que le réseau était en baisse, que les systèmes ne fonctionnaient pas, prendre toutes les plaintes très au sérieux, tenir au courant autant l'employé que le responsable.

Si chaque plainte est étudiée, il y a des chances que les employés arrêtent de l'utiliser comme excuse. Et au moins, cela montre que vous appuyez vos chiffres.

## 3. Refuser de partager ses priorités

Certains responsables pourraient vouloir parler des performances du département TI, mais se taisent lorsque le moment de parler de leurs priorités arrive. Ils pourraient être évasifs, neutres ou simplement fermés au sujet.

Le message est clair : ils n'ont tout simplement pas confiance en vous pour partager cette information.

Bâtir ce genre de confiance où ils sentiront qu'ils peuvent partager prend du temps. L'idée est de ne pas abandonner en cours de route. Cela peut prendre plusieurs mois, voire des années, avant qu'ils ne se confient sur leurs priorités.

Mais que faire si vous en avez besoin entre temps?

En utilisant les six classifications des priorités (règlementaire, réduction des coûts, productivité, augmentation des ventes, programme et autres), nous pouvons tout simplement leur demander laquelle des six représente leur principale priorité, et en rester là. Même avec ceci, ils pourraient ne pas être disposés à partager. Ce n'est pas grave. En respectant leur besoin d'intimité, vous bâtissez la confiance.

## 4. Parler derrière votre dos

Certains responsables pourraient agir comme si tout se passe très bien entre leur département et le département TI, et dire à tous ceux qui veulent entendre que les TI ne font pas leur travail lorsque vous n'êtes plus là.

Être un partenaire ne signifie pas être un paillasson. C'est bon de soulever la question.

Il suffit de dire quelque chose comme : « J'ai entendu dire que vous n'étiez pas satisfait de nos services. Pouvons-nous en parler? Il est difficile pour nous de changer si nous ne sommes pas au courant de la situation ».

Avoir le courage de soulever la question montrera que vous n'êtes pas simplement un fournisseur, mais un partenaire. En tant que tel, vous vous attendez à ce qu'ils se plaignent à vous, pas à d'autres. Cela montre aussi que vous n'esquiverez pas les questions difficiles, même si le problème, c'est eux. Être en mesure de répondre à cette question respectueusement, mais fermement, contribuera à renforcer le partenariat au fil du temps. En plus, cela permet d'éviter de fausses rumeurs à court terme.

Quel que soit l'obstacle, la clé est la persistance. Pensez à la relation que vous avez avec vos meilleurs fournisseurs. Il est probable que cela n'ait pas toujours été facile, peut-être même que vous avez refusé de prendre leurs appels au début, car vous ne compreniez pas ce qu'ils pouvaient faire pour vous. Leur persévérance a porté ses fruits non seulement pour eux, mais pour vous aussi. Le fait d'insister (poliment) montrera que vous êtes là pour le long terme.

# 5. Moins, mais mieux

## Avez-vous confiance en votre équipe?

Une réunion importante vient d'être annoncée. Vous devez y faire une présentation sur les grandes priorités en TI pour l'année à venir. Les dirigeants seront présents et poseront des questions. Il y a un seul problème : vous serez en vacances ce jour-là. Que ferez-vous?

Votre patron, conscient que vous avez fait vos plans des mois à l'avance, vous propose d'envoyer quelqu'un d'autre de votre équipe. Après tout, c'est seulement une présentation. Qu'est-ce qui pourrait mal tourner?

À ce stade, vous avez une décision importante à prendre : annulerez-vous vos plans afin de pouvoir faire la présentation, ou déléguerez-vous?

Si vous êtes comme 73% des CIO que nous avons interrogés, vous trouverez une façon de faire la présentation vous-même. Vous interromprez ou annulerez vos plans si nécessaire. Non pas parce que vous adorez être en face d'un auditoire, mais parce qu'il n'y a personne dans votre équipe à qui vous faites assez confiance.

Un nombre surprenant de CIO ne font pas confiance à leur équipe pour ce qui ne concerne pas la technologie. Ils préfèrent éviter que leur équipe parle avec l'entreprise. Ils pensent que les membres de leur équipe ne possèdent pas les compétences relationnelles ou la connaissance d'affaires nécessaire pour des discussions intelligentes.

En fait, quand on creuse plus, nous constatons que de nombreux leaders TI sont mécontents de la composition de leur équipe. S'ils avaient le choix, ils remplaceraient un bon nombre d'entre eux. La raison pour laquelle ils ne le font pas est parce qu'ils ont le sentiment d'avoir les mains liées. Ils ont probablement hérité de l'équipe actuelle et estiment qu'en perdre un membre causerait des problèmes, comme la perte de la compréhension des systèmes ou de l'infrastructure.

Alors, ils les tolèrent. Les budgets étant serrés, ils leur attribuent des rôles qui peuvent être inappropriés par rapport à leurs compétences.

Une question que j'aime poser aux leaders TI est celle-ci : « Qui est votre remplaçant direct? » Cette question conduit souvent à la même réponse : « Vous savez, je ne pense pas qu'il y ait un membre de l'équipe qui est prêt à assumer ce rôle ».

Je la trouve intéressante pour deux raisons. Premièrement, elle montre un problème crucial dans l'organisation. Après tout, si personne n'est prêt à accepter le travail, il y a peu de chances que le leader TI réussisse à préparer un successeur.

Deuxièmement, il montre que les leaders TI ont de faibles attentes face à leur équipe. La plupart des leaders TI sous-estiment les capacités des membres de leur équipe.

> **Comment les départements TI de Niveau 4 gèrent leurs équipes**
>
> Les départements TI de Niveau 4 gèrent leurs équipes de trois façons :
>
> - Ils ne tolèrent pas les employés à problèmes;
> - Ils mettent l'accent sur la qualité plutôt que la quantité;
> - Ils *coachent* les membres de leur équipe.

# 1. L'évolution de l'équipe

Je discutais de ce sujet spécifique avec Jean, le CIO d'une compagnie d'énergie. Il s'est plaint que l'un de ses principaux techniciens était bon avec les ordinateurs, mais avait tendance à exaspérer les utilisateurs au point où plusieurs d'entre eux ne voulaient plus travailler avec lui. Malheureusement, cette personne détenait presque toute la mémoire institutionnelle de leurs applications personnalisées. Puisque ces applications étaient si spécifiques à leur organisation, Jean craignait que personne d'autre ne puisse le remplacer.

Jean avait un dilemme grave : que pouvait-il faire avec cette personne? Son premier réflexe a été de l'éloigner des utilisateurs, l'isoler et laisser les autres agir comme agents de liaison.

Cette stratégie a eu un grave défaut : elle a envoyé à tout le monde le message que c'est correct de ne pas être à la hauteur.

En parlant avec Jean, je me demandais s'il n'était pas trop tard pour influencer le comportement de cette personne. L'organisation avait toléré son attitude pendant des années et l'avait même promu en raison de son expertise technique.

## La même histoire avec un Niveau 4

J'ai rencontré Charles, le CIO d'une société de transport, il y a quelques années. Son organisation est un excellent exemple d'un département TI de Niveau 4. Il construit de solides relations avec l'entreprise et assure une très bonne livraison de projet et une assistance exceptionnelle.

Charles avait toutefois un problème sérieux. L'un des membres de son équipe n'était pas fiable, ce qui entraînait des problèmes avec l'entreprise. Cette personne avait une forte opinion de la façon dont les choses devraient être faites et n'était pas réceptive à des points de vue différents. Il restait convaincu qu'il en savait plus que quiconque dans l'organisation, et à ce titre, ne trouvait pas nécessaire d'y impliquer l'entreprise.

Charles en a discuté avec l'individu dès qu'il en a entendu parler. Il l'a fait bénéficier d'une formation et a défini un plan pour corriger la situation. Un mois plus tard, la même situation s'est reproduite. Rien n'avait changé. Sylvain a mis fin à son contrat.

La grande différence réside dans le fait que l'individu n'était pas encore un membre de l'équipe. Il avait été embauché comme consultant pour un projet spécifique. Ce contrat a servi de moyen d'évaluer la performance et l'adaptation de l'individu avant de prendre une décision d'embauche.

Charles est pointilleux lorsque vient le temps d'embaucher des employés. Non seulement il engage des gens avec de grandes compétences, mais trouve aussi des employés qui pourraient prendre sa place. Il veut de très bons membres dans son équipe, des gens avec un entre-gens formidable et de grands leaders, même pour les postes techniques.

Cela a donné à Charles une équipe d'individus motivés et talentueux. Cela lui permet également de partir en vacances chaque fois qu'il le veut, sachant qu'il peut compter à 100 % sur son équipe.

## S'occuper des employés à problèmes

Les employés à problème peuvent avoir de graves conséquences sur la relation avec l'entreprise et sur l'équipe. Rien n'est plus nuisible à la collaboration que d'avoir à gérer quelqu'un qui est difficile. La plupart des gens ignoreront simplement le problème et s'occuperont de leurs propres soucis. En seulement quelques mois, cette situation peut détruire une équipe qui a mis des années à se construire.

Toutefois, congédier les gens n'est pas toujours une option pratique. Tout d'abord, ce n'est pas facile de renvoyer quelqu'un. C'est un processus difficile qui peut prendre des mois et il est rarement nécessaire.

## Une meilleure option est de réintégrer les gens

La plupart des employés à problèmes sont des gens qui entrent dans l'une des trois catégories suivantes.

## Problème 1 : Ils n'ont pas les compétences / connaissances

Je n'ai jamais rencontré d'employés qui ne voulaient pas travailler. Personne ne se lève le matin pour faire un mauvais travail. Nous sommes tous fiers de ce que nous faisons et aimons être reconnus pour cela. C'est néanmoins une réalité que des problèmes surviennent lorsque les employés n'ont pas les compétences nécessaires pour faire leur travail.

Cela se produit souvent dans les départements TI, où les gens ont été embauchés pour leur expertise technique. Cependant, une promotion après une autre les a laissés responsables de la gestion de personnel et ils se retrouvent sous-qualifiés. Leur performance souffre alors qu'ils étaient autrefois une *superstar*, quelque chose qui est difficile à accepter pour n'importe qui.

Les départements TI de Niveau 4 reconnaissent que les exigences de l'emploi et les compétences requises changent avec le changement de position. Promouvoir une personne dans un poste de gestion sans fournir la formation nécessaire, c'est chercher des ennuis. Un plan de formation proactive peut aider à résoudre nombre de ces problèmes. Un plan de formation réactive est également une bonne option, offrant une chance à la personne de retrouver le niveau de compétence requis.

## Problème 2 : Ils ne comprennent pas les attentes

La description de poste d'un programmeur ou analyste est assez simple, mais quand on regarde celles des gestionnaires, des chefs de projet et des chargés de relations d'affaires, elles deviennent rapidement floues.

Les attentes des divers postes ne sont pas toujours clairement documentées, avec un écart important entre ce que les gens ont comme vision de leur rôle et celle de leurs gestionnaires. Un chef de projet peut très bien gérer le calendrier et les documents associés à ce projet alors que son gestionnaire attend de lui de favoriser l'adoption du système.

C'est le travail du superviseur de clarifier les attentes, quelque chose que les départements TI de Niveau 4 ne font pas de façon ponctuelle, mais continuellement. Les gestionnaires se réunissent régulièrement avec les employés pour discuter de leur performance et les conseiller en revisitant les attentes de leur rôle.

## Problème 3 : Ils ne sont pas motivés à exécuter

Les gestionnaires vont et viennent dans les organisations. De nos jours, un leader TI reste rarement plus de quatre ans. Ainsi, les employés de carrière passeront par un changement majeur de direction tous les deux ans. Ils auront un nouveau superviseur, un nouveau leader TI ou un nouveau chef d'entreprise. Chacun apporte diverses promesses de « plans de 100 jours », « nouvelle vision stratégique » et « changement de culture ». Il est facile pour ces employés de voir ces changements comme étant temporaires et simplement « attendre qu'ils s'en aillent », surtout quand le ton des messages insinue qu'ils sont une partie du problème.

Motiver les gens à exécuter nous oblige à les emmener avec nous, pas de les laisser à l'écart ou les blâmer pour la situation actuelle. Ils n'ont pas plus contrôlé la situation dans le passé qu'ils ne le font aujourd'hui. Les blâmer pour quelque chose qu'ils n'ont probablement pas approuvé en premier lieu n'aide personne.

Les départements TI de Niveau 4 renforcent la motivation en incluant tous les employés. Au lieu de critiquer le passé, ils parlent d' « évolution » et de « progression ». Ils passent un temps considérable à communiquer leur vision, non seulement par des mots, mais par des actions.

Un leader TI qui parle de l'importance du service client, mais ne visite jamais le centre d'assistance aura peu de crédibilité.

## 2. Moins de personnel, mieux payé et mieux équipé

Nous avons toujours tendance à regarder la productivité en termes de travail manuel. Si un employé peut produire dix *widgets* par jour, alors deux employés en produiront vingt. C'est de la simple arithmétique. Si un c'est bien, deux c'est mieux.

Cette réflexion est encore aujourd'hui le principe de plusieurs décisions d'embauche. Si tous les gestionnaires de projet se valent, prenons donc le moins cher que nous pouvons trouver. Cela nous aidera à étirer notre budget et nous permettre d'embaucher encore plus de gens.

Cette réflexion n'est plus vraie lorsqu'il s'agit des travailleurs du savoir. La productivité varie largement entre les individus. Un professionnel excellent pourrait être deux fois plus productif qu'un bon professionnel. Et en termes d'impact sur l'entreprise, c'est un ordre de grandeur supérieur.

Des compétences comme le travail d'équipe, la collaboration et le leadership deviennent critiques. Ce sont ces compétences qui font vraiment une différence dans le travail intellectuel.

Les départements TI de Niveau 4 le reconnaissent et bâtissent leur équipe en conséquence. Ils mettent l'accent sur les talents de pointe, des personnes avec non seulement l'expertise pour le travail d'aujourd'hui, mais aussi avec un excellent potentiel pour l'avenir. Ils fournissent également à leurs employés des opportunités d'apprentissage (formelles et informelles) pour une évolution continue.

Les départements TI de Niveau 4 préfèrent dépenser 20 à 25% de plus pour embaucher un employé supérieur que d'embaucher plus de gens. Ils comprennent que moins, mais mieux, aura un plus grand impact.

## Bien embaucher

La meilleure façon d'éviter les employés à problèmes est de ne pas les embaucher tout court. C'est pourquoi les départements TI de Niveau 4 ont des processus d'embauche très stricts. Ils préfèrent « tester » les nouveaux employés grâce à un contrat ou un projet avant de prendre une décision finale d'embauche. Une fois que quelqu'un a été embauché, le problème devient beaucoup plus difficile à traiter. Cependant, ceci rend le processus d'embauche beaucoup plus laborieux autant pour les leaders TI que le candidat.

L'embauche est souvent vue comme une crise. Les budgets étant serrés, les départements TI n'ont pas le luxe d'avoir des gens superflus au quotidien. Nous prenons souvent trop rapidement la décision d'embauche, faute de temps pour interviewer des dizaines de candidats.

Lors du processus d'embauche, on oublie également que la personne fera partie d'une équipe. Les départements doivent veiller à ce que la personnalité et l'éthique de la personne soient compatibles avec celles des autres membres de l'équipe afin que celle-ci reste cohérente. Cela ne signifie pas qu'ils embauchent toujours le même profil. Un peu de désaccord est toujours une bonne chose, mais ils s'assurent que, au bout du compte, l'équipe sera en mesure de se rallier et d'avancer.

## Compétences

La plupart des décisions d'embauche sont basées sur les compétences techniques. Est-ce que la personne peut programmer en C #? Est elle certifiée PMP? Les compétences techniques sont importantes, mais elles prédisent rarement le succès.

Les départements TI de Niveau 4 regardent un ensemble de trois compétences différentes.

## Compétence 1. Technique

Est-ce que la personne possède les compétences techniques requises pour son poste? Ce sont les critères typiques d'embauche et représentent probablement 75% des annonces d'emploi d'aujourd'hui.

Les exigences en compétences techniques représentent une maîtrise des outils, mais elles échouent souvent à inclure d'autres éléments, tels que la capacité de comprendre la situation dans son ensemble, de comprendre ce qui suit ou de voir l'impact de ce qui se fait sur d'autres systèmes. Un administrateur de système qui ne comprend pas l'impact que les solutions basées sur le *nuage* auront sur l'entreprise dans les cinq prochaines années deviendra rapidement dépassé.

## Compétence 2. L'entreprise

Est-ce que la personne comprend le contexte d'affaires de l'organisation? Comment l'organisation fait-elle de l'argent? Comment remplit-elle sa mission? Est-ce que cette personne comprend le contexte et les défis associés?

Le département TI ne fonctionne pas en vase clos. Peu de gens ont le luxe d'avoir à effectuer uniquement leur travail sans comprendre le contexte plus large.

Les départements TI de Niveau 4 considèrent que les compétences d'affaires sont tout aussi importantes que les compétences techniques. Le département TI doit comprendre le contexte plus large pour avoir un impact positif et pour avoir des discussions intelligentes avec l'entreprise. Tout cela n'est possible que si le département TI vit effectivement dans l'organisation et la comprend.

Les départements TI de Niveau 4 vont jusqu'à mettre leur équipe en rotation dans l'entreprise, de quelques heures à quelques semaines. Cela permet à l'équipe de comprendre le contexte réel.

Les compétences d'affaires font la différence entre un simple fournisseur et un département TI profondément intégré dans l'entreprise.

## Compétence 3. Comportemental

Les compétences comportementales, souvent les plus difficiles à évaluer, sont les plus critiques.

Ces compétences comprennent la façon dont une personne interagit avec les autres, mène les négociations, conclut des accords et répond aux objectifs à court terme, ainsi que ceux à long terme. Est-ce que cette personne peut livrer un projet difficile et maintenir de bonnes relations, par exemple?

Les compétences comportementales font la différence entre un département TI qui livre des solutions et un qui fonctionne en collaboration et en tant que partenaire.

## Évolution continue

Bien sûr, personne ne possède les trois ensembles de compétences lors de son embauche. S'attendre à ce que de nouveaux employés comprennent l'entreprise est déraisonnable. C'est pour cette raison que les départements TI de Niveau 4 utilisent des évaluations de compétences non seulement pour les nouveaux employés, mais pour tout le monde. En cartographiant les exigences de compétences, les départements TI de Niveau 4 peuvent identifier les lacunes et former ou encadrer leurs équipes en conséquence. Cela contribue aussi à définir les attentes des membres de l'équipe.

## Équipement

Vous passez du temps et de l'argent à embaucher les meilleurs pilotes de course automobile que vous pouvez trouver. Vous avez maintenant une équipe hors pair. Leur donneriez-vous des voitures familiales à conduire? Bien sûr que non - les plus performants ont besoin des meilleurs outils.

Je parlais à une personne technique qui avait du mal à faire un schéma sur *PowerPoint*. Il arrangeait sans arrêt toutes les cases en essayant de les faire tenir sur une page. Je lui ai demandé pourquoi il n'utilisait pas *Microsoft Visio* pour faire son travail (ou tout autre outil de création de diagrammes disponible sur le marché). Sa réponse était simple : nous n'avons pas suffisamment de licences.

En cherchant sur Internet, j'ai découvert que le prix public de *Visio* est de 356$. Nous savons tous que les départements TI paient beaucoup moins que ça. Pourtant, c'était une personne assez expérimentée, probablement payée 100,00$ à 125,00$ l'heure pour se battre avec un logiciel inadéquat parce que la société ne voulait pas investir 356$.

J'ai des dizaines d'exemples de ce genre. La plupart des professionnels de l'informatique ont très peu de flexibilité pour acheter ce dont ils ont besoin dans leur travail quotidien. Ils doivent passer les niveaux d'approbation pour justifier même la plus petite dépense. Et si une application web pouvait les aider tout de suite sur un de leurs projets? Non, ils ont besoin d'approbation. Et s'ils pouvaient acheter une option au lieu de tout coder de zéro? Non, c'est plus facile de dépenser du temps que de l'argent.

Les départements TI de Niveau 4 l'ont bien compris. Ils se plient en quatre pour donner le bon équipement aux membres de leur équipe. Ils rendent également facile l'obtention de ce dont ils ont besoin. Cette faible augmentation des dépenses est amortie dix fois par l'augmentation de la productivité et le travail à valeur ajoutée.

# 3. Gestion du personnel

La constante optimisation des coûts a laissé le département TI dans une situation difficile. La plupart des leaders TI travaillent plus de soixante dix heures par semaine. Les projets et les opérations manquent de personnel et sont débordés. Il n'est pas surprenant, par conséquent, que les leaders TI aient commencé à faire de plus en plus de travail eux-mêmes. Nous voyons souvent des leaders TI gérer des projets, résoudre des crises opérationnelles, négocier avec les fournisseurs et adoucir les relations avec l'entreprise.

Cela laisse très peu de temps aux gestionnaires d'équipe pour la gestion efficace de leur personnel. En fait, selon notre enquête, la plupart des professionnels de l'informatique voient leur gestionnaire moins d'une heure par semaine. Qui plus est, ce temps est généralement consacré à la résolution des crises.

Lorsque l'on pense que le temps idéal qu'un employé doit passer avec son gestionnaire par semaine est de six heures, nous voyons que nous sommes loin du compte, laissant les employés sans supervision. Il est difficile pour eux d'avoir un face-à-face avec leur gestionnaire et de demander des commentaires, des conseils ou des directives.

Dans une époque où l'engagement des employés est essentiel, nous faisons en fait le contraire. Les employés sont livrés à eux-mêmes, on considère qu'ils devraient savoir ce qu'ils ont à faire et devraient passer du temps avec leurs gestionnaires seulement quand quelque chose va terriblement mal.

Les départements TI de Niveau 4 prennent très au sérieux la gestion. La plupart des gestionnaires passent de trois à cinq heures par semaine avec chaque employé dans les deux cadres, formel et informel. En fait, les gestionnaires TI de Niveau 4 ont rarement plus de sept employés sous leur responsabilité.

Ce ratio les aide à passer plus de temps avec chaque employé et les *coacher* efficacement.

## Devenir un Niveau 4. Moins, mais mieux

Dans un monde idéal, vous seriez en mesure de construire votre équipe à partir de zéro. Vous choisiriez les meilleures personnes pour chaque rôle et les formeriez au niveau dont ils ont besoin. Vous souhaiteriez mettre en place un processus de sélection qui éliminerait tous ceux qui n'entreraient pas dans les rangs et ralentiraient les autres. Vous souhaiteriez construire une équipe que personne n'a jamais vue auparavant.

Mais, vous ne pouvez pas. Vous avez déjà une équipe. Vous ne pouvez pas licencier tout le monde et recommencer. Il y a des systèmes législatifs que seulement une poignée de gens comprend, vous avez des contraintes de budget et cela n'aurait pas bonne allure avec les RH. Alors, que pouvez-vous faire?

Nous verrons comment vous pouvez transformer votre personnel en une équipe TI digne de Niveau 4.

### Alignement de l'équipe

L'alignement des employés a trois composantes distinctes, mais essentielles :

- La capacité : est-ce que les employés ont les aptitudes et les compétences nécessaires?
- L'opportunité : est-ce que les employés ont accès à l'équipement, les outils et le temps?
- La motivation : qu'est-ce que les employés ont le désir de performer?

Les employés sont alignés seulement lorsque les trois éléments sont réunis.

## 1. Capacité

Est-ce que votre équipe dispose des compétences nécessaires pour faire son travail?

Le rôle des TI a évolué et des compétences techniques seules ne suffisent plus. Les équipes TI ont besoin d'un ensemble de compétences techniques, commerciales et comportementales pour réussir, mais un nombre étonnamment élevé de décisions d'embauche est toujours basé uniquement sur les compétences techniques. Pas convaincu? Jetez un coup d'œil à n'importe quel cabinet de recrutement de nos jours. Faites une recherche pour n'importe quel poste en TI et vous verrez que la grande majorité des offres d'emploi se concentre sur les compétences techniques. Vous pourriez voir : « Bonnes capacités de communication », mais il n'y a rien de plus comme information. S'agit-il d'être capable de communiquer au sein de l'équipe? Avec des clients? Ou de faire des présentations?

Même les compétences techniques ont tendance à se concentrer sur des technologies spécifiques et non sur les compétences transposables, par exemple, « Maîtrise de C # » contre « capacité à comprendre les systèmes et des technologies actuelles ».

Alors quelles compétences faut-il envisager?

**Techniques :**

- Capacité à concevoir et développer des applications et des solutions;
- Capacité à comprendre les systèmes et les technologies existantes;
- Aptitude à appliquer les procédures, les outils et les méthodes.

**Affaires :**

- Comprendre l'organisation, ses politiques et sa culture;
- La gestion du changement dans l'entreprise;
- Service client.

**Comportementales :**

- Diriger, inspirer et bâtir la confiance;
- Bâtir des relations et travailler en équipe;
- Résolution des conflits et des problèmes.

## Évaluation des compétences

Pour chacun des employés se rapportant à vous, nous vous proposons de faire une évaluation rapide de leur niveau de compétence. Vous pouvez aussi évaluer le niveau au-dessous d'eux si vous avez suffisamment d'information. Pour simplifier les choses, nous vous proposons d'utiliser une échelle de trois points :

| Échelle de compétences | |
|---|---|
| 1 | Vraiment insuffisant |
| 2 | Légèrement en dessous des attentes |
| 3 | Atteint ou dépasse les attentes |

Ce diagnostic devrait vous prendre moins d'une minute par employé. Si vous ne savez pas, je vous suggère de le laisser vide. Cela peut être simplement dû au fait que l'employé n'a jamais eu l'occasion de démontrer cette compétence. Ensuite, calculez le score total des neuf compétences différentes.

| Compétences | Employé | | |
|---|---|---|---|
| | **1** | **2** | **3** |
| **Technique** | | | |
| Capacité à concevoir et développer des applications et des solutions. | | | |
| Capacité à comprendre les systèmes et les technologies existantes. | | | |
| Aptitude à appliquer les procédures, les outils et les méthodes. | | | |
| **Affaires** | | | |
| Comprendre l'organisation, ses politiques et sa culture | | | |
| La gestion du changement dans l'entreprise | | | |
| Service client | | | |
| **Comportemental** | | | |
| Diriger, inspirer et bâtir la confiance | | | |
| Bâtir des relations et travailler en équipe | | | |
| Résolution des conflits et des problèmes | | | |

Idéalement, chaque employé devrait arriver à 24 ou plus. Cela voudrait dire qu'ils répondent à la plupart de vos attentes en ce qui concerne la technique, la connaissance des affaires et le comportement avec une certaine marge d'amélioration. Un employé en dessous de 21 aurait besoin d'un encadrement assez poussé; il n'est pas à sa place et doit être mis au niveau aussi rapidement que possible.

Un employé en dessous de 18 est une tout autre question. C'est une erreur d'embauche. L'employé n'est clairement pas adapté pour la tâche assignée. Il est inférieur à vos attentes presque partout et est clairement non adapté à son poste. Comment cet employé en est-il arrivé là? Peut-être que vos attentes pour le poste ont changé ou il a été embauché par quelqu'un d'autre? Peut-être que la position a évolué? Dans les deux cas, cette personne est un fardeau pour votre équipe. Son manque de compétences se reflète dans d'autres travaux et est probablement visible par tout le monde. Un membre d'équipe sous-performant oblige les autres membres à travailler encore plus fort, créant des frustrations.

Les utilisateurs et les leaders d'affaires le remarquent également. Ils se demandent quel type d'opérations vous exécutez. Comment pouvez-vous tolérer ce niveau de performance? Cela crée de grands problèmes de crédibilité.

Malheureusement, il n'y a pas beaucoup d'options quand il s'agit de membres d'équipe sévèrement sous performances : ils doivent s'en aller. Ils sont un frein à votre équipe et une source de problèmes pour votre crédibilité.

## Mais que faire si plusieurs membres de l'équipe sont faibles?

Que faire si vous avez plusieurs membres de l'équipe qui ont un score très faible? Vous êtes peut-être un nouveau leader qui arrive dans une équipe déjà en place. Vous n'en avez choisi aucun. Après l'évaluation, vous vous rendez compte qu'ils sont tous mal adaptés à leurs rôles. Vous ne pouvez pas licencier tout le monde, cela fera des ravages. Alors la question se pose : vos attentes sont-elles réalistes?

## Formation

Quand je parle avec les leaders TI, je suis toujours surpris de voir à quel point ils ne sont pas concernés par le programme de formation de leur personnel. La plupart des employés en TI décident eux-mêmes la formation dont ils ont besoin chaque année. Souvent, on leur attribue un budget et on leur dit de trouver quelque chose qui convient à leurs projets.

Cette approche est très bien en théorie, elle remet la responsabilité à sa place : à l'employé. Mais en réalité, ceci ne fonctionne pas tellement. Ce que nous constatons, c'est que les gens ont tendance à être surqualifiés dans leur domaine. Ils suivent la formation et acquièrent des certifications pour atteindre le prochain niveau de leur spécialité, sans véritable préoccupation pour son utilité. Ce faisant, ils négligent d'autres occasions d'améliorer leurs compétences connexes qui feraient une réelle différence.

Nous avons déjà vu que les compétences des services clients sont deux fois plus importantes que les compétences techniques pour la satisfaction des utilisateurs. Pourtant, combien d'heures de formation en service client ont reçu votre personnel l'an dernier? Si vous êtes comme la plupart des leaders TI, la réponse est zéro.

Votre plan de formation devrait commencer par l'évaluation que vous venez de faire. Si une grande majorité de votre équipe a un score bas concernant le service client, alors il est logique de concentrer la formation sur ce domaine. Si les lacunes varient, il faut assigner des priorités pour chacun des membres de l'équipe. Cela ne signifie pas qu'ils ne puissent pas décider seuls de leur propre formation, mais une partie de celle-ci doit être dans le sens de vos objectifs.

## Outils

C'est incroyable le temps qui est gaspillé tout simplement parce que les gens n'utilisent pas les bons outils, soit parce qu'ils ne savent pas que l'outil existe, soit parce qu'ils ne peuvent pas l'obtenir. Dans le monde de l'entreprise, le second est souvent le cas. Les salaires sont fixes et seront payés de toute façon. Ainsi, si quelqu'un veut économiser quelques heures en dépensant quelques centaines de dollars, alors notre réflexe est de simplement dire non. C'est beaucoup plus facile d'investir du temps que de l'argent puisqu'acheter quelque chose est très difficile. Vous avez besoin d'un ordre d'achat, d'autorisations, etc. Dépenser du temps est la solution la plus simple. C'est aussi la pire.

Quand nous faisons cela, nous enseignons à nos employés que leurs temps n'a pas de valeur. Ils pourraient faire quelque chose qui a un impact sur l'organisation, mais ils sont coincés à passer des heures pour économiser quelques dollars. Le temps est précieux surtout si vous avez peu de personnel. Investir dans les bons outils a un énorme retour.

Les meilleurs joueurs de basketball n'auront pas la chance de montrer leurs compétences s'ils ne jouent jamais sur le terrain. Avoir les capacités pour faire le travail est la première étape. La deuxième est d'avoir l'opportunité de le faire.

## 2. Opportunité

Le deuxième volet de l'alignement est l'opportunité. Votre équipe pourrait avoir les compétences nécessaires pour faire son travail, mais est-ce qu'on lui donne l'occasion de le faire?

Nous constatons qu'encore et toujours, ce ne sont pas les capacités qui font défaut aux membres d'une équipe, mais les opportunités : soit les membres de l'équipe ne sont jamais mis dans une position où ils pouvaient mettre en valeur leurs compétences, ou l'environnement actuel décourage l'application de ces compétences en premier lieu.

## Confiance et opportunités

Nous avons examiné plus tôt le rôle de la confiance dans la construction de relations avec les départements. Le même principe s'applique aux membres de votre équipe. Sans confiance, il est très difficile de bâtir et de maintenir une relation. Donc la question est : faites-vous confiance aux membres de votre équipe?

Plusieurs problèmes de performance des employés proviennent du manque de confiance entre l'employé et le gestionnaire. Le gestionnaire n'a pas confiance que ses employés puissent prendre des décisions par eux-mêmes, ainsi il passe trop de temps à microgérer ou à les isoler, ce qui conduit à l'insatisfaction et au désengagement. Les employés n'apprécient pas la situation et la performance baisse, faisant le strict minimum.

Pour que les employés prennent des responsabilités, vous devez avoir confiance qu'ils seront capables non seulement de relever le défi, mais aussi qu'ils prendront les bonnes décisions en cours de route. Si vous ne les pensez pas capables de se tenir seuls devant un leader d'affaires et de représenter le département TI, alors il vous sera impossible de leur déléguer quoi que ce soit d'important.

Je propose de mesurer le niveau de confiance pour chaque employé.

- 3. Haut : je leur donnerais les clés de ma voiture.
- 2. Moyen : je partirais en vacances, mais je vérifierais de temps en temps.
- 1. Faible - Je ne laisserais pas cette personne seule avec des allumettes.

À combien de vos employés faites-vous confiance au point de leur laisser votre voiture? Si c'est moins de 50%, alors vous avez un problème grave.

Une équipe a besoin d'un niveau élevé de confiance pour être efficace. En tant que leader TI, il est important d'être en mesure de déléguer. 61% des leaders TI se plaignent aujourd'hui qu'ils ont trop à faire, qu'ils n'ont pas le temps de réellement gérer. Quand on regarde leur charge de travail, nous voyons qu'ils prennent des responsabilités et des tâches qui devraient être effectuées par leur équipe. Pourquoi? Ils ne considèrent pas leur équipe capable de les réaliser. Donc, ils préfèrent les faire eux-mêmes.

## Bâtir la confiance

Si vous êtes comme beaucoup de mes clients, vous venez de terminer cet exercice et vous êtes surpris et inquiet de découvrir qu'il y a peu de gens dans votre équipe auxquels vous faites confiance. La plupart d'entre eux ont besoin de suivi serré. Alors quelle est la solution, licencier tout le monde?

Vous pouvez réellement construire la confiance avec les membres de votre équipe de la même façon que vous le feriez avec vos intervenants, en leur faisant prendre et accomplir de petits engagements. Les petites tâches, activités ou projets sont d'excellents moyens pour vous prouver, à vous et à eux, qu'ils peuvent prendre des responsabilités et livrer. Demandez-leur de tenir des réunions avec les intervenants afin que vous puissiez les voir en action. Déléguez certaines responsabilités et observez comment ils réagissent. Bien sûr, il y aura des problèmes en cours de route. Certaines choses s'effondreront et ils feront des erreurs. Mais c'est là que vous pouvez les aider et les coacher vers des niveaux de performance plus élevés.

À la fin de ce processus, s'il y a encore des gens dans votre équipe auxquels vous ne faites pas confiance alors, malheureusement, vous devez vous demander si leur place est dans votre équipe. Si vous ne pouvez pas compter sur votre équipe, alors vous serez toujours tenté de faire le travail à leur place, et vous n'aurez pas le temps de faire le vôtre.

## Métriques

L'autre facteur qui supprime les possibilités de fournir une grande valeur est les métriques. Nous avons dit maintes et maintes fois que ce qui se mesure sera fait, et que ce qui intéresse mon patron me fascine. Malheureusement, nous avons tendance à mesurer ce qui est facile à mesurer, non pas ce qui est important.

Par exemple, il est facile de mesurer le nombre d'appels que les agents du centre d'assistance ferment par jour. Idéalement, nous voudrions mesurer le nombre d'appels fermés où l'utilisateur était heureux et où le problème n'a pas réapparu, mais c'est beaucoup plus difficile à faire. Pour remédier à cela, nous mesurons ce qui est facile et donc la tentation de fermer des appels est beaucoup plus élevée que l'incitation à satisfaire les utilisateurs.

Les mesures dictent les comportements, bons ou mauvais. Si nos mesures vont à l'encontre du comportement que nous essayons de promouvoir, alors il est préférable de les ignorer ou même les supprimer.

Votre équipe a les compétences, et l'opportunité. Maintenant, comment faites-vous pour qu'ils fassent réellement le travail?

## 3. Motivation

Si la capacité est la roue et l'occasion est la route, la motivation est le moteur. C'est ce qui différencie les gens qui répondent aux attentes de ceux qui les dépassent.

Être motivé est une chose, mais être motivé sur les bons objectifs en est une autre. Nous n'avons presque jamais de problème à avoir une équipe informatique motivée par un nouveau projet ou initiative. Tout le monde est excité à l'idée d'obtenir un nouveau logiciel ou matériel. Toutefois, obtenir une équipe motivée à suivre les processus, à répondre aux appels des utilisateurs et à établir des relations avec l'entreprise est une autre histoire.

## Changer les comportements

Nous débuterons avec une hypothèse-clé : tout le monde dans votre équipe veut faire du bon travail. Il est très rare que nous voyions un professionnel TI paresseux ou faire le strict minimum. La plupart des professionnels TI n'ont pas l'intention de nuire à l'organisation et d'avoir des résultats médiocres. Ils veulent travailler, avoir de bons résultats et être reconnus pour cela.

Le vrai problème n'est pas la volonté, mais le manque de temps. Les professionnels TI sont sollicités de partout. Ils ont beaucoup de priorités conflictuelles et ils peuvent passer la journée à travailler sur des demandes incessantes. Comment faire pour trouver le temps de travailler sur ce qui est important?

La clé est d'avoir une excellente catégorisation des activités de base en fonction de deux critères : l'urgence et l'importance. La plupart des personnes passent leur journée de travail sur les tâches importantes et urgentes : un rapport est attendu pour le lendemain, une demande de changement est venue, un système est en panne, etc. Dans une certaine mesure, nous travaillons aussi sur les tâches non importantes urgentes. L'urgence est un facteur attrayant; nous voulons nous assurer de ne rien négliger. Une tâche urgente, même si elle n'est pas importante, devient rapidement visible quand elle n'est pas faite.

Puis, il y a les tâches importantes non urgentes. Les tâches que nous devrions faire, mais nous en avons rarement le temps. Beaucoup des tâches dont nous discutons dans ce livre se rangent dans cette catégorie. Les accomplir ajouterait de la valeur, mais rien ne prendra feu si nous ne les faisons pas à ce moment. Il y a toujours demain. Comme le dicton le dit : « Demain est toujours la journée la plus chargée de la semaine ». Alors, comment pouvons-nous, en tant que leader TI, nous assurer que les tâches non urgentes importantes soient faites? Facile, nous les rendons urgentes.

### Ce qui peut être mesuré peut être fait

L'une des façons les plus faciles de rendre une tâche urgente est par le biais d'indicateurs de performance (KPI mensuels). Le simple fait de mesurer systématiquement chaque mois force tout le monde à au moins y penser. Ainsi, puisque personne n'aime voir ses KPI baisser (ou au moins, ne pas augmenter), cela apporte un nouveau niveau d'attention.

C'est la stratégie que nous utilisons avec nos clients pour produire des changements dans les comportements. Faire des enquêtes de satisfaction mensuelles nous permet d'apporter l'importance de la satisfaction utilisateur au même niveau que les mesures budgétaires ou de disponibilité.

## Mais est-ce que cela a du sens de mesurer sans stratégie?

« Nous n'avons pas le temps pour un programme de satisfaction des usagers à l'heure actuelle. Pourquoi mesurer? »

Vous n'avez probablement pas de plan stratégique pour encadrer votre budget, mais vous le mesurez quand même. Le fait est que s'il est important pour vous, vous voulez savoir où vous en êtes. Vous voulez savoir s'il est sous. Quelqu'un qui accepte d'être dans le flou envoie le message que ce n'est pas important.

## Programme de transformation

« Nous sommes dans une phase de transformation en ce moment, nous instaurerons la mesure lorsque nous serons stables. »

Tout d'abord, vous ne le ferez pas. Si vous ne prévoyez pas de mesurer lorsque cela compte le plus, vous ne mesurerez pas plus tard.

Les départements TI qui passent par un programme de transformation ont besoin d'un moyen de s'ancrer dans la réalité et de mesurer le résultat de leur programme. Transformer sans comprendre le résultat est comme conduire les yeux bandés. Nous pouvons faire beaucoup de kilomètres, mais nous ne savons pas si nous allons dans la bonne direction. Et nous pourrions foncer dans un mur.

## Communication

Une autre clé de la motivation est la communication fréquente avec toute l'équipe et le département. Il est facile de parler de la satisfaction des utilisateurs et de la valeur lorsque vous naviguez dans cet environnement tout au long de la journée, mais quand votre travail est de réparer les systèmes ou de gérer la technologie, il peut être difficile de comprendre ce qu'exactement on entend par tout cela. « Comment cela affecte-t-il mon travail? »

J'ai eu une fois un gestionnaire chez IBM qui disait au département que nous devions « sortir des sentiers battus ». Ensuite, il en est resté là. Personne n'a vraiment compris ce qu'il voulait dire. Sur le plan conceptuel, nous avons compris qu'il fallait trouver de nouvelles façons de faire les choses, ce qui était très bien. Mais devions-nous négliger les processus actuels? Devions-nous réinventer nos outils? Quel genre de sentiers devions-nous emprunter pour être différents? Quelle est la largeur du sentier? Sans quelques exemples concrets, il est difficile pour les gens de concevoir ces concepts.

Une façon de le faire est par le biais des communications fréquentes. Quand a été la dernière fois que vous avez parlé avec l'ensemble de votre équipe? Votre équipe est peut-être trop grande pour parler à tout le monde à la fois. Très bien, alors, quand a été la dernière fois que vous êtes allé parler à tous vos groupes? Avez-vous fourni des exemples de ce que vous entendez par chacune de vos orientations?

La plupart des communications des leaders TI ont tendance à être directionnelles : « Vous devez faire ce processus pour cette raison ». « Remplissez votre feuille de présence avant vendredi ». « Remplissez le formulaire 360 ».

Mais que se passerait-il si vous deviez rencontrer votre équipe, ou envoyer une vidéo une fois par mois, donnant un exemple de quelqu'un qui a particulièrement bien exécuté votre vision?

Augmenter le niveau de communication et de participation avec l'équipe aidera à clarifier votre vision pour tous les employés, leur donner l'occasion de poser des questions et de faire apparaître des contraintes, et de leur donner la possibilité d'être reconnus pour leur contribution.

### Exemple de plan de communication

| Fréquence | Public | Message |
|---|---|---|
| Annuel | Tous les employés TI | Stratégie actuelle de l'entreprise, contraintes et impact sur le TI |
| Trimestriel | Tous les employés TI | Résultats trimestriels (satisfaction, opérations, projets) |
| | | Réussites |
| | | Domaines nécessitant une attention |
| | | Reconnaissance |
| | | Prochains évènements |
| Mensuel | Tous les employés TI | Réussites |
| Mensuel | Groupe / équipe différent chaque mois | Participation à leur réunion mensuelle |

## Rythme de réunion

Les réunions sont un mal nécessaire. Alors qu'elles sont généralement une perte de temps, nous n'avons pas trouvé de meilleure façon pour garder tout le monde informé et impliqué dans le processus de prise de décision. Pourtant, la façon dont vous utilisez les réunions aujourd'hui, si vous êtes comme la plupart des départements TI, est vraiment horrible.

La plupart des départements TI tiennent une réunion hebdomadaire d'une heure, mais qui prend souvent beaucoup plus de temps, où les gens partagent leur statut et discutent des problèmes. Le problème est que nous finissons souvent par parler de projets ou de dossiers spécifiques qui ne concernent qu'une poignée de personnes dans la salle. Tous les autres vérifient leurs courriels ou travaillent sur quelque chose d'autre.

Pouvez-vous transformer ces réunions en quelque chose qui encouragera la participation et motiver l'équipe? Oui, c'est possible. La clé est de remplacer la réunion hebdomadaire avec quatre types distincts de réunions.

Le rythme de réunion proposé ci-dessous sépare les réunions par le niveau des détails que l'équipe a besoin d'analyser. Une erreur commune est de mélanger les réunions de haut niveau avec celles liées aux questions opérationnelles. Tout le monde commence rapidement à discuter des détails et on perd de vue l'élément important. Une fois que vous descendez, il est très difficile de remonter à nouveau. En séparant ces discussions dans des réunions distinctes, nous pouvons garder les conversations concentrées sur le sujet brûlant.

| Réunion | Objectif | Ordre du jour |
|---------|----------|---------------|
| Réunion hebdomadaire opérationnelle (30 minutes) | Examiner le rendement opérationnel de la semaine précédente et identifier les problèmes. | Revue des billets en retard<br>Revue de la disponibilité<br>Revue de l'état du projet<br>Top 3 des problèmes |
| Réunion de direction mensuelle (90 | Revoir les objectifs et les stratégies | Statut des priorités top 5 |

| minutes) | trimestrielles et évaluer l'évolution / l'achèvement. | Budget<br>Score de satisfaction / problèmes<br>Billet |
|---|---|---|
| Réunion stratégique trimestrielle (demi-journée) | Revoir les priorités du trimestre passé et évaluer l'efficacité. Développer de nouvelles priorités trimestrielles.<br><br>Examiner l'état de chaque département / partenaire et examiner / fixer des objectifs. | Statut/évaluation des priorités top 5<br>Nouveau top 5 des priorités<br>Communication / vision descendante<br>Direction / vision de l'entreprise<br>Statut du compte |
| Retraite annuelle (journée complète) | Passer en revue les priorités pour l'année passée. Définir de nouvelles priorités pour l'année en cours. Revoir les concepts de haut niveau comme la structure organisationnelle, etc. | Révision du rôle<br>Domaine d'intervention |

Est-ce que cela semble beaucoup? En fait, c'est seulement dix heures de plus par année que votre méthode actuelle (soixante-deux heures contre cinquante-deux pour la réunion hebdomadaire d'une heure). De plus, si vous considérez que la réunion hebdomadaire dure souvent beaucoup plus longtemps, alors vous découvrirez que c'est presque la même chose, mais vous obtenez maintenant beaucoup plus de valeur. La réunion hebdomadaire, de seulement trente minutes, n'entrave plus le déroulement normal de la semaine. C'est une réunion rapide destinée à parler de questions d'actualité et de mettre tout le monde à jour. Les questions spécifiques qui ont besoin d'être discutées sont mises à l'écart et des réunions spéciales sont programmées avec les personnes concernées uniquement.

D'autre part, les réunions mensuelles et trimestrielles plus stratégiques visent à examiner les services à un niveau supérieur et à définir ou corriger l'orientation. Cela donne à chacun l'occasion de parler de questions plus fondamentales. Enfin, la réunion annuelle donne à chacun une chance d'avoir une vue d'ensemble et d'aborder les grandes lignes.

Ce rythme de réunion garde les gens plus engagés et les motive à être préparés et concis.

# 6. Processus Boucles d'or

## Les processus comme une clôture

Nous venions de terminer la mise en œuvre d'un ERP en un temps record, mais pour y arriver, nous avons dû faire des compromis sur de nombreuses fonctionnalités. Par compromis, je veux dire que nous ne les avons pas faites du tout. Bien sûr, cela a eu un impact sur la charge de travail et la productivité des utilisateurs, mais nous les avons rassurés en leur promettant que, une fois l'application en marche, nous accepterions les demandes de changement.

Alors, une fois que nous avions terminé l'implémentation de l'ERP, les demandes ont commencé à affluer. C'était un déluge. Nous avons eu des centaines de demandes provenant de divers services de l'organisation. Certains voulaient de nouveaux rapports, d'autres demandaient des changements dans l'interface et certains autres, des ajustements esthétiques mineurs. Il devenait difficile de gérer un si grand nombre de requêtes, et encore moins de les évaluer et de les hiérarchiser.

Alors bien sûr, j'ai fait ce que tout département TI aurait fait : j'ai établi un processus. L'utilisateur devait soumettre un formulaire avec le changement proposé et nous devions l'évaluer, lui donner une certaine priorité et le planifier dans une prochaine version. Assez simple. Sauf que le formulaire comportait quatre pages.

Il demandait toutes sortes d'informations telles que : les modules touchés, les avantages ou l'impact sur d'autres départements. Il était difficile, voire impossible, pour l'utilisateur de répondre à une grande partie de ces questions. Et c'était le but. J'avais donné au processus le rôle de gardien. C'était un test de volonté afin de voir si le changement en valait vraiment la peine. L'idée était que si un utilisateur s'engageait à remplir un formulaire de quatre pages, alors sa requête devait être précieuse pour l'organisation.

Je ne me suis pas fait beaucoup d'amis avec ce formulaire, mais cela a bien sûr fonctionné. Les demandes ont commencé à ralentir jusqu'à un niveau gérable. J'avais construit un processus visant à m'aider, et non à aider les utilisateurs. J'étais maintenant un obstacle, et non un partenaire.

D'ailleurs, cela semble être l'objectif d'un grand nombre de processus établis par les départements TI. Nous utilisons des processus pour gérer le côté demande de l'équation de l'offre et la demande. Cependant, comme nous le verrons, les départements TI de Niveau 4 n'utilisent pas les processus comme des gardiens. Ils construisent des processus « Boucles d'or » : ni trop chauds, ni trop froids.

## Comment les départements TI de Niveau 4 créent-ils des processus « Boucles d'or »?

Les départements TI de Niveau 4 créent des processus « Boucles d'or » de trois façons :

1. Ils simplifient les processus;
2. Ils éliminent les contraintes;
3. Ils évitent complètement les processus.

# 1. Simplifier les processus

Les entreprises demandent souvent un nouveau logiciel ou un outil pour automatiser un processus. La réaction du département TI est toujours celle-ci : « Nous ne pouvons pas simplement automatiser la façon actuelle de faire les choses, nous devons d'abord examiner l'ensemble du processus ». En effet, c'est juste. Il est inutile de faire la mauvaise chose plus rapidement. Nous devons longuement et sérieusement examiner la raison pour laquelle nous entreprenons ces activités en premier lieu. Alors pourquoi est-ce que la plupart des départements TI ne suivent-ils pas leurs propres conseils?

Les départements TI de Niveau 4 se posent quatre questions lorsqu'ils analysent les processus.

- En avons-nous besoin?
- Quel en est l'objectif?
- Quel est le minimum dont nous avons besoin pour commencer?
- Comment le mesurons-nous?

## Question 1. En avons-nous vraiment besoin?

Un grand nombre de processus qui ont été instaurés par les départements TI étaient de nature réactive. Un problème est apparu, quelqu'un a décidé que nous avions besoin d'un nouveau processus pour nous assurer que ce problème ne se reproduise pas et il a été mis en œuvre. Personne ne regardait les objectifs de ce processus, ni même si le problème justifiait la création d'un nouveau processus en premier lieu. Nous construisons souvent des processus seulement pour faire face à de rares exceptions.

Les départements TI de Niveau 4 examinent de près les raisons pour décider si le processus est nécessaire. En général, la mise en place d'un processus pour répondre à une exception est une perte de temps et de ressources. Aucun processus ne sera parfait et il y aura toujours des exceptions de toute façon. Essayer de couvrir tous les scénarios et toutes les exceptions possibles se traduira par un processus lourd et complexe.

Ces processus ne sont pas nécessaires, sauf si l'exception peut avoir des conséquences catastrophiques.

## Question 2. Quel est l'objectif?

La deuxième question que les départements TI de Niveau 4 se posent est « « Quel est l'objectif? » En d'autres termes, qu'essayons-nous de faire?

Il y a quatre objectifs différents derrière les processus.

- Productivité : s'assurer que l'information nécessaire soit disponible. Cela vise à éviter les allers-retours des communications, ce qui prend du temps et des ressources.
- Prévisibilité : s'assurer que le travail soit fait correctement et systématiquement (à l'aide de listes de contrôle, par exemple).
- Coordination : veiller à ce que les tâches des différentes personnes soient faites dans le bon ordre.
- Contrôle : s'assurer que le processus ne soit réalisé que s'il a les autorisations nécessaires.

Bien entendu, un processus peut avoir plus d'un de ces objectifs. Par exemple, l'acquisition de nouvel équipement peut avoir les quatre. Mais trop souvent, nous supposons que tous les objectifs sont nécessaires alors que ce n'est pas le cas.

Prenons le contrôle par exemple. Combien de vos processus nécessitent-ils effectivement une étape d'approbation? Un gestionnaire ou quelqu'un d'autre doit approuver une demande avant qu'un nouvel équipement ou logiciel ne soit installé. Mais est-ce que cette étape de contrôle est nécessaire? Qu'est-ce qui se passerait si nous la supprimions?

L'un de mes clients avait un processus en place qui exigeait l'approbation du gestionnaire pour le remplacement de petit matériel (comme une souris d'ordinateur). Son impact financier était presque négligeable. Même si chaque employé demandait une nouvelle souris chaque année, cela ne représenterait que 0,1% du budget informatique. Le processus nécessitait une étape d'approbation pour se protéger d'un risque inexistant.

Les départements TI de Niveau 4 passent en revue les objectifs derrière leurs processus et suppriment sans pitié les étapes sans valeur ajoutée. Cela rend les processus plus simples et plus rapides, économisant temps et argent.

## Question 3. Quel est le minimum dont nous avons besoin pour commencer?

Un grand nombre de processus TI commencent par un formulaire à remplir par l'utilisateur. Besoin d'un nouvel ordinateur, il faut remplir un formulaire. Vous voulez un changement à une application, il faut remplir un formulaire. Les formulaires sont omniprésents lorsqu'il s'agit des processus TI. Et très souvent, les formulaires sont trop longs.

C'est facile d'ajouter des questions à un formulaire. Une réunion est prévue et nous demandons : « Que devons-nous savoir pour démarrer ce processus? » Nous obtenons alors les deux ou trois informations critiques dont nous avons besoin. Pourtant, nous ajoutons : « Ce serait bien de savoir... » ou « si cette exception rare se produit, alors nous aurions besoin... ». Et le formulaire se rallonge.

Le problème avec les longs formulaires est que non seulement ils prennent beaucoup de temps à remplir, mais ils contiennent également des questions qui ne sont pas pertinentes pour la plupart des utilisateurs. En essayant de couvrir toutes les exceptions, nous rendons le formulaire difficile à utiliser.

Les départements TI de Niveau 4 s'interrogent impitoyablement à propos de toutes les questions de leurs formulaires : « Avons-nous vraiment besoin de savoir ça? » ou « Qu'est-ce qui se passerait si on enlevait cette question? ». Cela simplifie le formulaire jusqu'à ce qu'il soit concis, clair et facile à remplir. Cette approche fait aussi augmenter la qualité de l'information que le formulaire contient.

## Question 4. Comment allons-nous mesurer le processus?

Comment savez-vous si votre processus fonctionne? Pour la plupart des départements TI, une fois que le processus est établi, ils passent tout simplement à autre chose. Est-ce que le processus a résolu le problème? Probablement. Est-il efficace? Il n'y a pas moyen de savoir à coup sûr.

L'une des premières questions que je pose aux dirigeants TI est : « Combien de demandes d'assistance avez-vous reçues ce mois-ci? » J'aime cette question parce qu'elle me dit très rapidement si le département TI a une bonne réputation, et si le leader TI se soucie des opérations. Trop souvent, la réponse est : « Je ne sais pas. Je dois demander ».

Si un processus a été assez important pour être mis en place, alors il est suffisamment important pour être géré. Les départements TI de Niveau 4 surveillent en permanence les performances de leurs processus. Ils le font avec des mesures simples :

- Combien de fois a été utilisé le processus?
- Combien de fois y avait-il une exception au processus?
- Est-ce que le processus atteint son objectif?

Le simple fait de mesurer le processus garde celui-ci à l'esprit de toutes les personnes impliquées. Cela met en évidence s'il fonctionne et s'il en vaut encore la peine.

## Exemple : Formulaire de demande d'assistance

Les leaders TI d'une organisme gouvernemental se sont plaints que les utilisateurs appelaient le centre d'assistance directement, au lieu de soumettre des requêtes par le biais de leur formulaire en ligne ou sur le portail. L'agence a estimé qu'il serait plus facile de trier par priorité et de gérer les ressources si la plupart de ces demandes leur parvenaient via le formulaire en ligne.

Nous sommes donc allés à l'agence et avons jeté un coup d'œil au système de billets. Nous avons découvert pourquoi les gens ne voulaient pas l'utiliser : il était trop complexe. Non seulement il demandait trop d'informations, mais il demandait des informations qui n'étaient pas toujours disponibles ou pertinentes. Les utilisateurs devaient « deviner » ce qu'il fallait remplir, et le plus souvent, ils saisissaient ce qui était le plus facile.

Mais combien de ces informations étaient nécessaires? Nous sommes allés voir l'équipe de soutien et avons parlé avec le personnel : « Quelle information disponible dans le billet utilisez-vous vraiment? » Il s'est avéré que les employés de l'équipe de soutien en utilisaient très peu. Pour commencer, ils avaient déjà la plupart des informations dans leur système de soutien. Ils n'avaient pas besoin qu'on leur dise quel OS ou quelles applications ont été installés, ils le savaient déjà. Mais le plus important : les informations données par les utilisateurs n'étaient pas fiables. Les utilisateurs remplissaient souvent tous les champs avec n'importe quoi afin de pouvoir envoyer le formulaire. L'information n'était pas assez fiable pour que les techniciens la prennent à la lettre. Donc, ils l'ignoraient tout simplement.

En collaboration avec l'équipe de soutien, nous avons repensé le formulaire. Seules deux informations étaient alors nécessaires : un champ pour le courriel et une zone de texte pour que les utilisateurs décrivent leur problème. Si les gens étaient déjà connectés au portail, on ne leur demandait même pas le courriel, car nous savions déjà qui ils étaient.

Une communication a été envoyée pour présenter le nouveau formulaire et inciter les utilisateurs à l'utiliser. L'utilisation du formulaire a considérablement augmenté. Le plus important toutefois, c'était que les utilisateurs ne le considéraient plus comme un obstacle pour contacter le département TI.

| Formulaire initial | Formulaire simplifié |
| --- | --- |
| Nom | Courriel |
| Courriel | Comment pouvons-nous vous aider? |
| Téléphone | |
| Département | |
| Priorité (faible, moyenne, élevée) | |
| Titre | |

| | |
|---|---|
| Description du problème | |
| Quand voulez-vous être contacté? | |
| Équipement | |
| Système d'exploitation | |
| Application | |

## 2. Lever les contraintes

La plupart des processus sont construits pour satisfaire une contrainte. Après tout, si nous avions des ressources illimitées, nous n'aurions pas besoin d'approuver chaque dépense des employés. Si nous avions des licences de logiciel illimitées, nous n'aurions pas besoin de les approuver et de les installer. Elles seraient dans l'image de base. Les contraintes sont la raison pour laquelle nous construisons des processus.

Mais nous avons tendance à passer plus de temps à construire des processus que d'essayer de lever les contraintes. Par exemple, l'une des principales contraintes est la commande d'équipement. Si on considère que le coût interne moyen pour effectuer un achat est de 429,00$ (temps et dépenses d el'équipe finance pour traiter l'achat), créer un bon de commande pour un élément qui en coûte moins est un gaspillage d'argent et de ressources. C'est pourquoi les départements TI n'aiment généralement pas faire des achats ponctuels. Néanmoins, cette contrainte peut être facilement éliminée en gardant un inventaire. Le coût du maintien de l'inventaire est facilement compensé par le coût des achats.

La deuxième contrainte est l'approbation. Nous avons besoin de l'approbation du gestionnaire des utilisateurs avant d'installer de nouveaux logiciels ou de nouveaux équipements. Pourquoi? Dans certains cas, c'est pour le contrôle budgétaire. Le gestionnaire contrôle son budget et veut s'assurer que ce n'est pas une dépense pour des éléments non nécessaires. Mais la plupart du temps, le budget TI est centralisé. Il n'y a aucune conséquence si le gestionnaire approuve ou rejette la demande. Le département TI exige que le gestionnaire approuve la demande afin de prévenir les abus. L'utilisateur ne le voit toutefois pas de cette façon; il comprend que vous le ne lui faites pas confiance. Et si vous éliminiez l'approbation? Y aurait-il un impact si dramatique?

Nous avons fait l'expérience avec une organisation qui a 4000 utilisateurs. Nous avons enlevé toutes les demandes d'autorisation du processus d'approbation de nouvel équipement et logiciels. Si vous le demandez, vous l'aurez. Bien sûr, l'équipe TI a suivi les normes établies, mais on leur a donné le pouvoir discrétionnaire de contourner ces normes si nécessaire. Le résultat? Aucun changement dans le budget. Il n'y avait pas plus de demandes et nous n'avons trouvé aucune dépense inutile. Le processus d'approbation protégeait contre un risque qui ne se produisait presque jamais.

Les contrôles peuvent être introduits à la fin du processus. Et si on bâtissait tout simplement des rapports d'exception au lieu de bloquer le processus avec les approbations? Un département TI a décidé d'autoriser l'usage des appareils mobiles à titre personnel (que la plupart des utilisateurs faisaient déjà de toute façon). Ils ont négocié des contrats cadres pour les appels et le transfert de données et ont donné le plus de flexibilité possible aux utilisateurs dans la limite du raisonnable, du point de vue financier. Ils ont également bâti des rapports d'exception. Chaque mois, les employés qui avaient dépassé leur quota recevaient une notification. Le deuxième mois, la notification était envoyée en copie au gestionnaire. Parfois, ces excès étaient justifiés et le gestionnaire pouvait les ignorer. Et les rares fois où un employé avait vraiment exagéré, il avait une discussion avec le gestionnaire.

## Nouvelles embauches

L'une des sources communes d'insatisfaction autant pour l'entreprise que le département TI est le processus d'embauche.

Mettre en place une nouvelle embauche est un processus assez complexe : nous devons acquérir et configurer l'équipement, déterminer où le nouvel employé s'installera, définir quels accès seront requis, quelles imprimantes seront nécessaires, etc. Le plus souvent, les gestionnaires d'embauche n'ont aucune idée de ce qui est vraiment nécessaire, et finissent par dire quelque chose du style : « Donnez-lui le même accès que John Doe ». Or, ce qui est réellement frustrant pour tout le monde dans cette situation, c'est le retard. Le département TI est généralement informé à la dernière minute d'une nouvelle embauche (souvent le jour même). Cela pousse le département TI à se précipiter pour obtenir l'équipement, le configurer et le déployer. Et bien sûr, il y a toujours quelque chose qui manque à l'appel : un accès non fourni ou tout simplement des problèmes qui découlent d'un travail fait trop rapidement. Ce processus met en colère à la fois le département TI et les affaires.

La solution typique selon le département TI est d'augmenter le préavis donné par les affaires: « Si RH pouvait nous donner un préavis d'une semaine, cela permettrait de résoudre tous nos problèmes ». Nous définissons des formulaires complexes qui tentent de comprendre tous les équipements et les accès nécessaires. Les gestionnaires remplissent le formulaire du mieux qu'ils le peuvent, mais il n'ont généralement aucune idée des vrais besoins. De plus, la plupart du temps, les gens oublient tout simplement le processus et nous voilà à nouveau à la dernière minute.

Si au lieu de lutter contre le court délai, nous en tirions profit? Pour résoudre le problème de la dernière minute, nous avons mis en place le processus « 15 minutes ». L'idée était simple : pouvons-nous fournir un nouvel ordinateur en seulement quinze minutes?

Vous avez besoin d'un ordinateur? Vous appelez le centre d'assistance, il vous demande de descendre à la réception de votre site où un ordinateur vous attendra. Le centre d'assistance le configure en direct et dans les quinze minutes, vous êtes de retour à votre bureau.

Cette approche contient beaucoup de pré-requis : les ordinateurs devant déjà être à la réception, ils ont besoin d'être configurés, le centre d'assistance a besoin d'instructions et d'accès pour créer et gérer les utilisateurs, et cela signifie qu'une grande partie de la configuration doit déjà être faite.

Nous avons commencé par analyser ce qu'il fallait pour soutenir un tel processus et avons trouvé des solutions ingénieuses. Tout d'abord, cela demandait à ce que nous ayons les ordinateurs déjà sur place, ce qui n'était pas peu en sachant que nous étions responsables de vingt-deux sites. Pour résoudre ce problème, nous avons demandé à la réceptionniste de chaque site de nous aider. Cela signifiait aussi que les ordinateurs étaient configurés d'avance. Nous avons développé un kit qui contenait toutes les applications, les cartes réseau, les réseaux WiFi, les imprimantes, etc. Ainsi, le centre d'assistance n'avait qu'à supprimer les applications et les imprimantes inutiles (un processus beaucoup plus rapide) plutôt que de tout installer. Nous avons également utilisé une application de sauvegarde en ligne. Donc, si le nouvel ordinateur était une mise à niveau ou un échange, l'application aurait restauré la sauvegarde sur un jour ou deux, dans l'ordre du dernier fichier ouvert. En quelques minutes, l'utilisateur avait accès au dernier travail qu'il avait exécuté sur son ancien ordinateur, tandis que les fichiers les plus anciens étaient restaurés petit à petit.

Chaque fois qu'un ordinateur était livré, un nouvel ordinateur était commandé. Nous avons demandé aux fournisseurs d'imager eux-mêmes les ordinateurs et de les expédier directement sur les sites. Nous avons éliminé le temps d'intervention des techniciens du processus. Les vieux ordinateurs ont été envoyés pour une remise à neuf. S'ils étaient encore performants, ils étaient réinitialisés et remis en circulation ou bien ils étaient donnés aux organismes caritatifs locaux. La réceptionniste offrait également une sélection de souris, d'adaptateurs, de claviers, de câbles et d'accessoires divers que les utilisateurs pouvaient utiliser régulièrement. Ainsi, si un utilisateur avait besoin d'une nouvelle souris, il pouvait se diriger à la réception et en obtenir une nouvelle immédiatement.

Combien cela a-t-il coûté? Pas beaucoup, en fait. Certains diront que la réalisation d'un inventaire des ordinateurs sur chaque site serait très coûteuse. En réalité, nous avons utilisé cet inventaire dans le cadre du processus de rajeunissement, donc le seul coût réel a été le coût du maintien de l'inventaire. Puisque les ordinateurs faisaient partie de l'inventaire permanent, nous savions qu'ils allaient être utilisés et ne deviendraient pas obsolètes.

Faisons un calcul rapide : vingt-deux sites avec cinq ordinateurs en veille sur chaque site à 1 000,00 $ chacun est égal à 110 000,00$. Comme ils font partie du processus de rajeunissement, le coût réel est tout simplement le coût de l'inventaire, avec un intérêt, disons, de 10% par année donc, 11 000,00 $. Ce n'est pas mal pour une augmentation spectaculaire de la satisfaction.

Le département TI ne s'inquiétait plus si de nouveaux employés arrivaient sans préavis. Le processus était en place à ce moment. Nous y avons inclus une courte session de formation de configuration, ainsi quand les nouveaux employés arrivaient, nous mettions en place leur ordinateur et leur fournissions quelques indications sur la meilleure façon d'utiliser l'outil, comment obtenir de l'aide, etc. Cela nous a permis d'avoir une première interaction positive avec les utilisateurs, de les éduquer et nous avons fait un suivi quelques jours plus tard pour résoudre tous les problèmes et ainsi renforcer la crédibilité.

Le département RH était en extase, les utilisateurs étaient heureux et le département TI n'était plus frustré.

## Des processus construits avec l'entreprise à l'esprit

L'un de mes clients gouvernementaux avait du mal avec son processus d'approbation de projet. Chaque année, il suivait tout le processus de budgétisation des immobilisations. Cela impliquait d'obtenir l'approbation des demandes de projets de l'entreprise. Chaque année, il recevait entre cent et deux cents demandes, mais cette année-là, c'était différent. Le gouvernement avait subi une restructuration massive et certains budgets de projets avaient été sévèrement réduits. En fait, plusieurs des projets pour l'année en cours avaient été arrêtés par manque de financement.

Les gestionnaires de relations étaient stressés en pensant au déluge d'initiatives et de projets qui viendraient de l'entreprise, qui allaient devoir être évalués et classés, pour que seulement quelques-uns voient la lumière du jour. Ce serait une tâche odieuse.

L'équipe a débattu sur la meilleure façon de remédier à la situation. L'une des solutions était de rendre plus strict le processus d'admission. Des formulaires plus longs, plus de justification du bénéfice et de l'alignement du projet avec l'entreprise. En d'autres termes, demander à l'entreprise de travailler plus. Cela aurait probablement fonctionné pour réduire le nombre de demandes, mais cela aurait également envenimé les relations.

Au lieu de cela, l'équipe a fait quelque chose de courageux : elle a annulé le processus d'admission. Ils ont pris tous les projets qui n'avaient pas été terminés dans l'année précédente et ont utilisé les mêmes critères de priorités pour compiler une liste de projets qui devraient être réalisés durant l'année en cours. Bien sûr, il y avait sur la liste un nombre plus que suffisant de projets pour remplir la capacité disponible.

Puis, ils ont développé une communication adressée aux dirigeants de l'entreprise pour leur rappeler la situation financière et que, vu la situation, il n'y aurait pas de processus d'admission. Au lieu de cela, ils recommandaient de travailler sur les initiatives identifiées en se basant sur la définition des priorités de l'année dernière. Ils ont continué avec des réunions pour donner l'occasion aux dirigeants de l'entreprise d'exprimer leurs préoccupations et de revoir les priorités des projets si nécessaire. Certains d'entre eux en ont profité pour revoir les priorités et certains ont annulé d'eux-mêmes des projets qui étaient sur la liste. Mais en tout, les changements ont été minimes.

L'ensemble du processus s'est bien déroulé. Les dirigeants de l'entreprise étaient heureux d'avoir évité un exercice d'admission inutile. Le département TI n'avait pas à évaluer de nouvelles initiatives et pouvait se concentrer plutôt sur la livraison. Et les gestionnaires des relations n'étaient pas dans une situation où ils auraient à dire non à presque toutes les nouvelles initiatives.

# 3. Éviter les processus

Nous avons tendance à tenir les processus pour acquis. S'ils existent, alors nous devrions les suivre. Mais parfois, le processus n'a tout simplement plus de sens. Tout comme notre exemple précédent où il n'y avait pas de ressources disponibles, faire un processus d'admission n'a pas de valeur. L'année suivante, il y en aura peut-être un si les ressources débloquent.

Les départements TI de Niveau 4 se réfèrent toujours à l'objectif du processus avant de s'y engager. Si l'objectif, ou la circonstance a changé, alors il est peut-être temps de réviser l'utilité du processus en lui-même.

Cependant, éliminer le processus n'est pas toujours une option. Ce que les départements TI de Niveau 4 font à la place est de s'assurer que les processus ne soient pas enclenchés du tout.

## Éviter complètement le processus

La meilleure façon de suivre un processus est de s'assurer qu'il ne démarre pas. Nous gagnons du temps, épargnons des efforts et empêchons également que les parties aient de nouvelles attentes.

Un bon exemple est le processus d'approbation de projet, qui fait partie de la gouvernance de la majorité des départements TI. Les projets suivent l'équation de l'offre et de la demande : il y a une somme d'argent et des ressources limitées, et une forte demande pour de nouvelles initiatives. Pour faire face à cette demande, le processus implique d'accorder les ressources disponibles en priorité aux projets les plus importants, stratégiques et bénéfiques. Le but du processus d'approbation est donc de couper autant de projets que possible.

Le processus typique commence par un appel pour de nouvelles initiatives. Le service reçoit un formulaire à remplir pour chaque nouvelle initiative qu'il prévoit. Le formulaire est long et complexe, et agit comme le premier test du processus de gouvernance. Si le service est suffisamment motivé à remplir le formulaire, ce doit donc être une requête qui en vaut la peine.

Les projets sont évalués à haut niveau. Cela donne une idée de ce à quoi le projet ressemblera en termes de coût et d'effort.

Si les coûts ont du sens, le projet passe ensuite à travers un processus d'analyse de rentabilisation. Les avantages et les coûts détaillés sont évalués pour voir exactement quelle sera la contribution du projet à l'organisation. L'analyse évalue le retour sur investissements (ROI) et l'alignement avec les priorités de l'organisation.

Enfin, les projets sont hiérarchisés par priorité et une ligne est tracée lorsque nous manquons d'argent. Si vous avez de la chance, votre projet est au-dessus de la ligne et se fera. Si vous n'avez pas de chance, votre projet sera poussé vers une « autre année », ce qui signifie seulement que ce ne sera jamais fait.

Nous appelons ce processus l'entonnoir. Beaucoup de projets y passent, peu en ressortent. Chaque étape est conçue pour éliminer les projets qui ne sont pas en ligne avec les objectifs de l'organisation. C'est particulièrement difficile pour tous ceux qui sont impliqués. Cela oblige l'entreprise à travailler sur beaucoup d'autres soumissions de projets qui ne verront jamais la lumière du jour. Cela oblige aussi les départements TI à évaluer plusieurs demandes imprécises. C'est beaucoup de travail et de frustration. Pour quel bénéfice?

Les départements TI de niveaux 1 à 3 exécutent 30% des initiatives qui sont soumises au processus de gouvernance. Moins d'un tiers des projets soumis voient la lumière du jour. C'est beaucoup de travail et de chagrin pour très peu de résultats.

Quant à eux, les départements TI de Niveau 4 voient leur entonnoir un peu différemment. Il ressemble plus à un tube qu'à un entonnoir.

La grande majorité des projets qui entrent dans l'entonnoir se réalise. Ce n'est pas parce qu'ils ont plus de capacité à réaliser des projets, loin de là. La différence est que les projets qui n'ont aucune chance ne sont simplement jamais présentés.

Les départements TI de Niveau 4 travaillent plus le côté demande dans l'équation de l'offre et de la demande. Ils s'assurent que l'entreprise ne perd pas son temps en soumettant des projets qui ne seront pas approuvés. Comment le font-ils?

Ils utilisent un processus de gouvernance informel avant que le vrai processus de gouvernance ne se mette en marche. Leur relation avec l'entreprise permet d'obtenir une vue continue des besoins et des priorités. Ils ont des conversations franches sur chacun de ces projets dès que l'idée est naissante.

Cela permet également d'informer l'entreprise que son projet a peu de chances. Gain de temps pour tout le monde impliqué dans le processus. Bien sûr, rien n'empêche l'entreprise de soumettre des projets quand même, mais au moins, elle comprend les chances réelles que le projet a d'être approuvé.

La gouvernance devient plus une procédure administrative qu'un ordre de priorité. C'est l'approbation finale d'un processus continu de découverte et d'influence. En omettant tout simplement le processus, les départements TI de Niveau 4 ont facilité la soumission de projets et la priorisation. L'ensemble du processus est plus léger, moins coûteux en terme de temps (des deux côtés) et plus satisfaisant.

## Devenir un Niveau 4. Le processus Boucles d'or

Il est toujours difficile de gérer l'équilibre entre offrir un excellent service client et garder le contrôle des normes et des individus. Certains niveaux de processus sont inévitables. Comment pouvez-vous devenir un département TI de Niveau 4 sans perdre le contrôle? La clé est de se concentrer sur les moments de vérité.

Ce n'est pas toute les interactions avec un utilisateur qui est un moment de vérité. Un moment de vérité ne se produit que lorsque l'interaction a le potentiel de laisser une impression durable, positive ou négative. En général, les moments de vérité sont associés à des évènements de grande anxiété. Les utilisateurs sont stressés, face à un délai ou une situation peu familière, et la façon dont vous les accompagnez tout au long de ce processus dictera la façon dont ils vous verront à l'avenir. Comme disait John Churtom Collins : « Les amis nous connaissent dans la prospérité; nous connaissons nos amis dans l'adversité ».

Nous avons identifié les moments de vérité les plus communs et ce que vous pouvez faire pour rendre les choses plus simples pour les utilisateurs.

- 1. Intégration des utilisateurs (embauche);
- 2. Assistance téléphonique ;
- 3. Changement d'équipement;
- 4. Nouveau système / changement de processus.

## 1er Moment de vérité : L'embauche

Changer d'emploi peut être une expérience stressante. Selon l'échelle du stress de Holmes et Rae, le changement de travail (changement d'emploi) vaut 36 points. Pour se faire une idée, être licencié vaut 47 points et la mort d'un conjoint,100. Alors que changer de travail n'est pas aussi stressant qu'avoir des difficultés sexuelles (39), il y a toujours une forte anxiété chez les nouveaux employés. Le stress étant cumulatif, il n'en faut pas beaucoup pour donner une mauvaise impression aux nouveaux employés. Une configuration de l'ordinateur en retard, des câbles manquants ou tout simplement un dysfonctionnement d'un ordinateur lors du premier essai peuvent suffire pour donner une mauvaise première impression.

Quand nous faisons une enquête de satisfaction utilisateur, nous essayons de regarder la corrélation entre les années de service et la satisfaction. Instinctivement, nous pourrions penser que les nouveaux employés seraient plus satisfaits des services TI. Après tout, ils n'accumulent pas une vie de problèmes et de soucis avec le département TI. Pourtant, nous constatons le contraire; les nouveaux employés sont moins satisfaits.

Pensez à votre processus d'installation d'une nouvelle embauche. Combien de fois cela se passe-t-il en douceur? Si vous êtes comme de nombreux départements TI, vous entendez parler de la nouvelle embauche trop tard. Tout n'est pas prêt lorsque l'employé arrive. Des accès au système sont manquants et il se peut que l'employé rencontre de nombreux problèmes dans les deux premières semaines, faisant ainsi connaissance avec le centre d'assistance.

Les employés veulent être productifs le plus rapidement possible. Ils veulent avoir accès aux systèmes afin d'être capables de commencer à se familiariser ceux-ci. Ils veulent savoir comment accéder à leurs messages partout où ils se trouvent. En bref, ils veulent être des utilisateurs engagés. Alors, comment pouvons-nous les aider?

Un processus d'intégration systématique peut aider les utilisateurs à obtenir cette maîtrise très rapidement. Les nouveaux employés sont désireux d'apprendre, et ont tendance à avoir plus de temps dans les premiers jours. Le département TI peut en tirer profit afin de faciliter leur transition.

Voici un exemple de processus d'intégration utilisé par l'un de nos clients. Vous verrez que cela joue un rôle-clé dans l'orientation de l'employé pour l'utilisation de son équipement et des équipements communs tels que les salles de réunion, les périphériques et les imprimantes. Cette entreprise effectue également le premier appel au centre d'assistance avec ses nouveaux employés afin qu'ils puissent voir exactement comment se passera l'interaction. Ce processus permet d'atteindre trois objectifs :

1. Il confirme que tout fonctionne pour l'employé;
2. Il assure que l'employé aura un début positif;
3. Il définit les attentes pour le genre de service attendu à l'avenir.

| Chronologie | Actions |
|---|---|
| Trois jours avant l'arrivée | S'assurer que l'équipement est prêt et installé |
| | S'assurer que les imprimantes et autres périphériques ont été configurés |
| | S'assurer que l'accès a été accordé pour tous les systèmes majeurs |
| | Programmer une réunion d'intégration TI |
| | Programmer une formation sur le système concerné |
| Première journée | Réunion d'intégration de 30 minutes : |
| | - Examiner les Bases: connectez-vous à l'ordinateur, imprimez |
| | - Comment utiliser la salle de conférence (aller dans la salle de conférence avec eux) |
| | - Les essentiels du téléphone portable |
| | - Clarifier les règles et les responsabilités |
| | - Appeler le centre d'assistance |
| | - Fournir un résumé avec les infos-clés |
| | -Fournir le calendrier et le programme de formation |
| | -Définir les attentes de service et le temps de réponse |
| | -Un élément matériel arborant le numéro du soutien (tasses, porte-clefs, etc.. ) |
| Le lendemain | - Appel de suivi pour voir si tout est correct |
| Les jours suivants | - Formation (en ligne, formelle, etc.) |
| 1re semaine | - Revoir l'engagement des utilisateurs dans les systèmes-clés |
| | - Suivi de l'utilisateur |

Alors que ce processus peut sembler fastidieux, il s'agit vraiment d'environ une heure du temps du technicien. Un petit investissement pour bien démarrer, car le faire en direct aide à construire une relation. Son succès via le téléphone a été également prouvé pour leurs bureaux lointains.

## 2ᵉ Moment de vérité : Assistance téléphonique

Les leaders TI préfèrent que les utilisateurs soumettent leurs questions à travers un portail web ou par *courriel*. Il est beaucoup plus facile de gérer la charge de travail avec des demandes écrites que téléphoniques. Alors, pourquoi les utilisateurs continuent-ils à appeler?

Il y a deux raisons pour lesquelles un utilisateur préfère appeler plutôt qu'envoyer un courriel. Premièrement, le problème est urgent (du moins pour l'utilisateur,) et il a besoin de résolution dans l'immédiat. Deuxièmement, le problème est trop complexe à expliquer correctement dans un courriel. Il a besoin de l'assistance d'un technicien pour encadrer correctement la question. Il ne sait tout simplement pas par où commencer. Les utilisateurs utilisent généralement les formulaires web ou les courriels pour les demandes plus banales ou moins urgentes. Après tout, ils n'aiment pas non plus perdre leur temps au téléphone. Ainsi, les appels téléphoniques sont généralement une catégorie à part en terme de prise en charge de situation. L'utilisateur a besoin d'une résolution rapide ou d'aide urgente. Il peut subir la pression d'un échéancier ou de l'un de ses propres clients. Il a peut-être tenté de résoudre le problème par lui-même et est déjà frustré. L'anxiété est élevée. La définition parfaite d'un moment de vérité.

Donc, soyons honnêtes, quelle était la dernière fois où vous avez écouté des appels de soutien? Si vous êtes comme la majorité des leaders TI, vous ne l'avez jamais fait. Vous avez peut-être passé à côté du groupe de soutien et avoir entendu une conversation, mais vous n'avez probablement jamais pris le temps d'écouter un appel complet en direct ou enregistré. Quand était la dernière fois où vous avez appelé le centre d'assistance vous-même? Il y a probablement un certain temps. Vous avez peut-être un adjoint qui peut le faire pour vous ou vous contactez directement le responsable. En faisant cela, vous perdez une occasion importante de témoigner à quel point vous souciez de vos utilisateurs lors de cet important moment de vérité.

Les utilisateurs sont à la recherche de deux choses quand ils appellent le centre d'assistance : être rassurés, car la personne comprend le problème et prendre en charge le problème pour le résoudre JUSQU'AU BOUT. Les utilisateurs ont peur que leur appel se perde, ou que le technicien ferme l'appel pensant que le problème a été résolu quand il ne l'a pas vraiment été.

La plainte la plus fréquente des utilisateurs par rapport au soutien du centre d'assistance est liée à la courtoisie. Lorsque nous parlons au personnel du centre d'assistance, ils donnent l'impression qu'ils ne sont pas courtois, mais c'est souvent parce qu'ils accélèrent les appels. Cela est perçu comme un manque de courtoisie. Est-ce que le personnel du centre d'assistance est évalué par le nombre d'appels par jour? Si oui, vous faites peut-être partit du problème.

## 3ᵉ Moment de vérité : Changement d'équipement

Les utilisateurs ont plusieurs inquiétudes lors d'un remplacement de leur poste. La première est la perte de productivité. Un changement d'équipement prend un certain temps et ils ne seront pas en mesure de travailler pendant cette période. Ce n'est pas une grosse affaire en soi, ils peuvent s'organiser si ills le savent d'avance. La vraie question est l'incertitude quant à savoir s'ils seront en mesure de travailler APRÈS le remplacement. Les changements d'équipement apporteront inévitablement une série de problèmes : l'imprimante n'est pas mappée, des applications sont manquantes, les mots de passe *WiFi* ne fonctionnent pas, des fichiers personnels et des documents envolés, etc. La deuxième peur des utilisateurs est l'incertitude sur un certain nombre de fichiers, chansons, vidéos et applications web que l'utilisateur utilise sans que les TI soient au courant. « Vais-je les perdre? » est une préoccupation commune.

Nous pouvons faciliter ce moment de vérité de quelques façons.

La première chose à faire est de définir les attentes quant à ce qui arrivera. Une communication, sous forme de vidéo ou de présentation, permet aux utilisateurs de comprendre l'ensemble du processus, quel problème potentiel peut se survenir et quel type de soutien ils recevront par la suite. Une visite personnelle d'un technicien permet également d'identifier les problèmes potentiels et d'apprendre les préoccupations de l'utilisateur et ainsi répondre à ses questions. Cela sera très utile pour que les utilisateurs se sentent maîtres du processus, au lieu de simples victimes. Communiquer l'heure du changement à l'avance permet également aux utilisateurs d'exprimer les préoccupations qu'ils pourraient avoir. Peut-être que le moment n'est pas bien choisi (fin de mois, une réunion à venir, etc.) et changer la journée permettra de réduire l'anxiété de manière importante.

Le remplacement laisse l'utilisateur inactif, soit en attente de la fin du processus, soit simplement errant dans les couloirs à la recherche de quelque chose à faire. Fournir un accès à un ordinateur temporaire donnera à l'utilisateur une option pour mener ses activités les plus urgentes en ayant accès à l'Internet. Cela soulagera également la pression sur le technicien de ne pas avoir l'utilisateur en train de regarder nerveusement au-dessus de son épaule. L'ordinateur est un outil incroyablement personnel, et les utilisateurs détestent quand quelqu'un met son nez dans leurs fichiers et informations. Ils ont presque l'impression que leur vie privée a été violée. Alors que vous pourriez vous appuyer sur le fait que c'est la propriété de l'entreprise, il est plus facile de simplement reconnaître ce sentiment et de minimiser les interactions avec l'ordinateur (grâce à l'automatisation par exemple).

Un technicien devrait être présent la première fois que l'utilisateur utilise son nouveau matériel. De quoi rassurer l'utilisateur qu'il n'est pas laissé seul et qu'il n'aura pas à pourchasser l'équipe TI si quelque chose a été laissé inachevé. L'utilisateur peut alors, à côté du technicien, tester toutes les fonctionnalités importantes (impression, Internet, etc.) et les logiciels pour s'assurer que son ordinateur fonctionne comme prévu.

Un suivi personnalisé quelques jours plus tard contribue également à identifier les problèmes persistants qui peuvent s'être glissés ou avoir été manqués lors des tests. Ceci est particulièrement utile pour les petits problèmes qui ne sont pas dignes d'un appel au centre d'assistance, mais qui pourraient devenir des facteurs de mécontentement. Il démontre également aux utilisateurs que vous assumez votre responsabilité jusqu'au bout, que l'utilisateur n'est pas laissé en plan avec une nouvelle machine.

Certains départements TI traitent le changement de matériel comme un projet. Chaque fois qu'ils changent les ordinateurs, ils en changent une nombre important à la fois. C'est incroyablement perturbant pour l'organisation, car soudainement, la productivité est affectée de toute part. La charge de travail du département TI devient si élevée qu'il est difficile de fournir un service adéquat. Cela laisse les utilisateurs et le département TI insatisfaits. Jusqu'au jour où nous n'aurons plus à remplacer les ordinateurs, il est préférable de traiter la situation comme un processus continu, de remplacer les ordinateurs durant toute l'année d'une manière contrôlée.

Certains pourraient regarder ce moment de vérité et trouver l'approche excessive. Après tout, changer un ordinateur n'est pas sorcier. Pourtant, ce que nous avons constaté lors de nos enquêtes de satisfaction est que les utilisateurs étaient systématiquement mécontents de ce processus, au point où ils préféraient prolonger la vie de leur ancien ordinateur plutôt que de passer par ce changement. Même la promesse d'un équipement plus rapide et meilleur n'était pas suffisante pour les convaincre d'en changer. Le problème n'était évidemment pas que les utilisateurs ne voulaient pas de meilleur équipement; ils n'avaient tout simplement pas confiance que le département TI ferait son travail correctement.

| Chronologie | Étapes du changement de l'équipement |
|---|---|
| **1 semaine avant** | Présentation du processus de changement de l'équipement |
| | Programmer une réunion avec l'utilisateur |
| | Visite du technicien pour évaluer l'ordinateur et identifier les besoins spécifiques. |

| | |
|---|---|
| **Jour du changement** | Fournir un ordinateur / équipement temporaire |
| | Effectuer le changement |
| | Tester le nouvel équipement avec l'utilisateur |
| **Deux jours plus tard** | Visite de suivi du technicien pour régler les problèmes persistants. |

## 4$^e$ Moment de vérité : nouveau système / changement de processus

Le dernier moment de vérité est celui qui apporte le plus d'inquiétude. Le déploiement d'un nouveau système et le changement de processus sont généralement accompagnés d'un changement majeur dans la façon dont les gens travaillent, d'anxiété au sujet de leur sécurité d'emploi et d'anxiété de performance (« Vais-je être capable d'apprendre le nouveau processus? »). Tout cela fait monter le stress de façon foudroyante.

La livraison d'un nouveau projet d'entreprise est déjà très compliquée. Le développement ou la configuration apporte des risques et des problèmes, la gestion du calendrier et l'impact des différentes parties du projet sont un cauchemar logistique et le développement de l'ensemble de la formation et de la documentation nécessaires demande du temps. Il y a déjà suffisamment à faire sur un projet, alors pourquoi s'inquiéter de l'anxiété de l'utilisateur? Après tout, la gestion du changement est la responsabilité des ressources humaines, n'est-ce pas?

Il s'avère qu'il y a une chose importante que nous pouvons faire pour soulager l'anxiété de l'utilisateur lors d'un projet. Nous avons parlé de l'implication des utilisateurs depuis des années, et cela a toujours été un sujet difficile. L'entreprise est déjà surchargée et a peu de gens à prêter pour un projet. Impliquer les utilisateurs dans le projet peut rapidement devenir coûteux ou difficile. Et il n'y a aucune garantie que l'utilisateur ait le temps, ou les compétences, d'informer et de préparer son propre département correctement. Trop souvent, les utilisateurs sont trop centrés sur la formation pour faire une bonne gestion du changement.

Lorsque nous parlons de la participation des utilisateurs, nous entendons généralement participation active, les utilisateurs qui travaillent actuellement sur le projet. Mais qu'en est-il de la participation passive?

La participation passive est une manière incroyablement efficace, simple et négligée pour gérer le changement avec les utilisateurs. Comme nous l'avons vu dans ce livre, la gestion des attentes est un élément-clé de gestion de la valeur commerciale. Nous avons constaté que le fait de faire des démonstrations, des captures d'écran et des vidéos du nouveau logiciel dans l'action a un grand rôle dans la réduction de l'anxiété. Il est difficile d'être optimiste à propos de quelque chose dont nous ne savons rien. Mais, juger le nouveau système en action aide les gens à visualiser le nouveau processus, à ajuster leurs attentes en conséquence et être plus satisfaits lorsque le système est réellement en ligne. Plus l'utilisateur voit à l'avance, plus il est facile pour lui d'avoir des attentes appropriées.

## Construire des processus autour des moments de vérité

Le thème général de ces moments de vérité est très simple : accompagner les utilisateurs. Les processus automatisés et de libre-service sont parfaits pour l'interaction de faible valeur et les demandes courantes ou banales. Toutefois, lorsque les utilisateurs sont anxieux et stressés, rien ne se compare au fait de pouvoir compter sur un autre être humain. Le simple le fait de savoir qu'ils ne sont pas seuls et que quelqu'un les guidera jusqu'à la fin est une étonnante façon de réduire l'anxiété et de laisser une impression positive.

Cela exige des ressources. Un technicien qui accompagne les utilisateurs lors du remplacement d'un ordinateur ne sera pas capable d'en faire beaucoup par jour. Ceci aura un impact négatif à court terme sur les indicateurs de productivité et de performance, mais les avantages à long terme l'emportent facilement sur le coût.

## Boucles d'or : Pas trop, ni trop peu

L'industrie des TI a été submergée par des approches différentes au cours des dernières années : *Project Management Office* (PMO),

*Information Technology Infrastructure Library* (ITIL), *Capability Maturity Model* (CMM). Ils nous poussent tous à penser que plus, c'est mieux : « Améliorez votre niveau », « Devenez plus matures », « Si un peu c'est bon, plus c'est mieux! ».

La réalité est que ce n'est pas la quantité de processus ou le manque de maturité qui fait la différence. Bien que les processus facilitent l'exécution, c'est la volonté de l'équipe TI d'intégrer et de faire fonctionner quotidiennement les six facteurs qui fait la différence.

Voyons maintenant comment vous pouvez intégrer ces six facteurs dans votre propre équipe.

# Le moteur de croissance de la valeur

## Simple, mais difficile

Perdre du poids est simple : manger moins et faire plus d'exercice. Mais simple ne veut pas dire facile. Plus de 33% de la population adulte aux États-Unis est considérée comme obèse. Le problème est que, pour perdre du poids, il faut changer nos habitudes quotidiennes. Prendre le temps de préparer des repas sains, de faire l'effort de faire du sport. C'est beaucoup plus facile de manger de la malbouffe et de regarder la télévision. Nous nous sommes enracinés dans des dizaines de mauvaises habitudes qui sont difficiles à changer. Nous avons développé un style de vie tout autour de ces mauvaises habitudes.

Malgré tout, c'est possible de changer.

Ce n'est pas quelque chose que nous pouvons considérer comme un projet : le faire une fois et passer à autre chose. Les gens qui ont réussi à perdre du poids en témoignent, cela nécessite un engagement quotidien. Il n'y a pas de date de fin. Cela nécessite une attention et un dévouement constant.

## Un projet sans échéance

Devenir un département TI de Niveau 4 est comme perdre du poids. C'est un projet sans date échéance. Il nécessite un changement majeur dans la culture et les habitudes quotidiennes. Nos profils d'embauche, la charge de travail et les contraintes de ressources nous ramènent vers nos mauvaises habitudes. Il est beaucoup plus facile de suivre le mouvement. Il y aura toujours quelque chose de plus urgent, de plus pressant à faire.

Dans mes ateliers et mes consultations, je crée un plan global avec mes clients. Cela les a aidés à se développer en des départements TI de Niveau 4, tout en rencontrant leurs obligations quotidiennes. Je comprends que, quoi que vous fassiez, vous aurez toujours besoin d'exécuter des opérations, réaliser des projets et respecter tous les engagements que vous avez déjà pris. C'est pourquoi nous avons élaboré un plan qui est léger et qui a besoin d'un minimum d'effort, mais qui demande beaucoup d'engagement. Puisque je ne peux pas être avec vous, ce qui suit est un cours intensif de « Plan de moteur générateur de valeur commerciale », condensé dans un processus facile à gérer pour vous et votre équipe.

Mais avant de démarrer, voici quelques conseils à garder à l'esprit. Tout d'abord, alors que c'est un projet sans échéance, il est toujours utile de le traiter comme un projet. Même s'il n'est pas trop exigeant, il faut un certain temps et beaucoup d'efforts pour ne pas être mis de côté. Et par expérience, s'il n'y a pas de date d'échéance, certains projets ne seront jamais faits. Il y a toujours quelque chose de plus « urgent » à faire. Ensuite, votre équipe testera votre volonté. Ils essaieront de « tester votre patience», assurez-vous que ce n'est pas simplement le nouveau goût du jour. Enfin, les progrès, même les plus petits, doivent être célébrés. Idéalement avec une pizza, mais ce n'est que mon avis.

## Le moteur de la valeur

Le moteur de valeur comporte trois étapes et peut prendre entre six et douze mois. Contrairement à de nombreux plans de transformation, le moteur de valeur montre ses avantages dès le début. Cela signifie que vous n'avez pas à attendre des mois, voire des années, pour commencer à en percevoir les avantages.

Le plan comporte trois phases :

- Phase 1. Démarrez le moteur;
- Phase 2. Accélérez;
- Phase 3. Vitesse de croisière.

# Phase 1. Démarrez le moteur

L'un des pièges les plus courants des plans de création de valeur est de commencer par une phase d'analyse profonde. Bien que l'analyse soit importante, c'est comme être sur une chaise berçante: elle nous donne quelque chose à faire, mais elle ne mène nulle part.

Dans cette étape, notre objectif est de créer une dynamique, pour faire bouger les choses. L'une des meilleures façons de le faire est de créer l'urgence. Comme nous l'avons vu auparavant, il est important de déplacer les activités de création de valeur du quadrant « Important / non urgent» dans la case « important / urgent» pour attirer l'attention des gestionnaires et du personnel. Nous le ferons en utilisant l'enquête de satisfaction utilisateur comme le déclencheur du changement.

## Étape 1. Enquête de satisfaction auprès des utilisateurs.

Faire une enquête de satisfaction utilisateur est à la fois facile et peu couteuse. Vous pouvez la faire par vous-même avec les outils web disponibles ou la sous-traiter à une société externe qui la réalisera pour vous et pour s'assurer de la confidentialité des répondants. Nos propres recherches et l'expérience avec les sondages nous ont appris que les questionnaires doivent être courts (moins de 90 secondes) et se concentrer sur l'essentiel.

Cependant, faire l'enquête une fois ne suffit pas. Pour démarrer le moteur, l'enquête devrait être menée tous les mois. Chaque mois, l'enquête est envoyée à un groupe d'utilisateurs différent afin que personne ne soit interrogé plus d'une ou deux fois par an. Chaque groupe doit être représentatif de la population globale des utilisateurs. Cette fréquence de sondage nous permet de traiter la satisfaction des utilisateurs comme un indicateur de performance-clé. Le rapport de l'enquête devrait être distribué à l'ensemble de l'équipe (au moins le résumé) et être inclus dans votre propre tableau de bord mensuel KPI.

Cela aura pour effet d'augmenter instantanément la prise de conscience, mais aussi de donner de l'importance à la satisfaction des utilisateurs auprès de toute l'équipe. Comme nous l'avons dit, ce qui intéresse mon patron me fascine. Si vous commencez à regarder les chiffres de satisfaction chaque mois, tout le monde sera plus à l'écoute.

## Étape 2. Évaluer votre équipe

Peut-être avez-vous déjà fait l'exercice lorsque vous lisiez le chapitre « Moins, mais mieux », mais si vous ne l'avez pas fait, c'est le moment d'évaluer les compétences techniques, affaires et comportementales de votre équipe. Dans la phase suivante, vous commencerez à donner plus de responsabilités aux membres de votre équipe et il est important de savoir s'ils pourront assumer ces responsabilités.

Cette évaluation comprendra également l'analyse du niveau de confiance que vous avez pour chaque membre de l'équipe. Ensemble, ils répondront à une question cruciale : avez-vous la bonne équipe? Nous voyons souvent les leaders TI commencer un programme de transformation pour le voir s'arrêter parce qu'ils se rendent compte qu'ils ont besoin de changer certaines personnes-clés à l'intérieur de leur équipe. Bien sûr, il est alors trop tard pour la former à nouveau. Faire cette analyse précoce vous donnera une chance de développer un plan de remédiation des individus qui posent des problèmes.

## Étape 3. Élaborer des plans de partenariats

Nous avons vu dans le chapitre sur la création de partenariats que les plans de partenariats sont construits en trois étapes : comprendre, fixer des objectifs et gérer. Ce que nous proposons ici est d'effectuer la première étape : comprendre chacune des unités d'affaires.

Cet exercice mettra en évidence deux choses : les unités d'affaires avec lesquelles vous avez déjà une bonne relation, celles que vous connaissez peu, et les informations manquantes pour élaborer un plan détaillé. Cet exercice est toujours une révélation pour l'équipe TI. Il leur fait prendre conscience à quel point ils en savent peu sur l'entreprise. Nous voulons néanmoins que cette expérience soit positive, pas négative. Elle doit alors être suivie par des actions spécifiques pour combler cette lacune.

## Étape 4. Établir une brigade anti-mécontentement

Vous pouvez avoir un impact majeur et rapide sur la satisfaction des utilisateurs en éliminant les facteurs de mécontentement qui encombrent leur vie. L'enquête de satisfaction utilisateur aura déjà fait ressortir quelques facteurs à travers les commentaires des utilisateurs. Vous pouvez le compléter avec la brigade anti-mécontentement, un groupe de techniciens dont le rôle est de trouver et de supprimer les petits inconvénients.

Ils le feront en commençant par les espaces communs, tels que les imprimantes et les salles de conférence. Nous avons déjà parlé de la liste des facteurs de mécontentement communs à éliminer. La responsabilité de l'équipe est d'identifier, d'éliminer et de veiller à ce que ces facteurs de mécontentement ne reviennent pas. Bien sûr, ce n'est un rôle à temps plein.

## Étape 5. Impliquez-vous dans les opérations

Créer de la valeur, c'est changer les habitudes, pas seulement les processus. Pour changer les habitudes, vous aurez à vous salir les mains et vous impliquer dans les activités de soutien de tous les jours. Une façon de faire ceci est de garder du temps dans votre agenda, une demi-heure ou une heure chaque semaine, pour évaluer la performance opérationnelle. Et par cela, je ne veux pas simplement dire les KPI, mais étudier profondément les opérations.

Un bon point de départ sont les billets de soutien technique. Si vous n'avez pas accès au système d'assistance, je vous conseille de vous créer un compte immédiatement. Puis, apprenez à naviguer dans le système et regardez l'état des billets. Vous devriez vous intéresser un peu plus aux billets âgés. Si vous avez des billets non complétés antérieurs à une semaine, il devrait y avoir un plan d'action clair qui en explique la raison.

S'il n'y en a pas, ajoutez vos propres commentaires au billet afin d'en apprendre plus. Rien ne rend les techniciens plus motivés à résoudre un problème que lorsque le leader TI s'implique directement dans leurs billets.

Le but ici n'est pas de harceler ou de punir l'équipe technique; leur travail est déjà assez difficile comme il l'est. Il s'agit simplement d'envoyer le message que le soutien est important et que vous y veillez. Cela vous donnera aussi une idée de la tonalité des conversations, comment les techniciens interagissent avec les utilisateurs et si le ton est approprié.

## Étape 6. Mettre en place le nouveau rythme des réunions

Malheureusement, les réunions guident beaucoup nos actions. S'il n'y avait pas de réunions, les gens ne liraient jamais les rapports et n'analyseraient pas leur performance. Les réunions fournissent des échéanciers naturels aux gens pour faire leur travail et les empêchent d'être entièrement absorbés par les activités quotidiennes.

Par contre, les réunions devraient aider et non supprimer la motivation de l'équipe. Nous vous suggérons d'instaurer le rythme de réunions discuté dans le chapitre « Moins, mais mieux » :

- Réunion hebdomadaire de trente minutes pour examiner les opérations;
- Réunion mensuelle de quatre-vingt-dix minutes pour examiner l'état des objectifs et des partenariats;
- Réunion trimestrielle d'une demi-journée pour examiner et fixer les objectifs;
- Réunion annuelle hors site pour discuter de la stratégie et des orientations.

Si elle n'est pas prévue, elle ne se tiendra pas. Allez-y et planifiez ces réunions pour les dix-huit prochains mois. Puis, soyez intransigeant sur le respect de l'objectif de la réunion. Reportez toute discussion qui n'est pas pertinente et restez concentré sur l'ordre du jour. Et le plus important : respectez la durée. Mettez fin à la réunion à tout prix, même si vous devez interrompre le commentaire de quelqu'un. Cela montrera votre engagement à maintenir la discipline.

## Mais je n'ai pas de temps pour ça!

Bien sûr que vous n'en avez pas. Nul n'a le temps de prendre du travail supplémentaire. Nous travaillons de longues heures, pourquoi accepterions-nous plus de travail? La réalité est que vous devrez prendre le temps. Si vous estimez que ce travail est trop « opérationnel » et pas assez « stratégique », alors je vous rappelle la hiérarchie de la valeur TI : vous ne pouvez pas jouer un rôle de niveau supérieur si vos besoins essentiels ne sont pas couverts.

# Phase 2. Accélérez

Dans la phase I, notre objectif était de faire démarrer les choses. Dans la phase 2, l'objectif est d'accélérer afin d'obtenir des gains rapides.

Pourquoi est-il important d'agir rapidement? Simple : c'est à cause de l'inertie, car un objet au repos tend à rester au repos pendant qu'un objet en mouvement aura tendance à rester en mouvement. Dans cette phase, il est très facile pour tout le monde de reprendre ses vieilles habitudes. De nouveaux projets apparaissent et la crise revient. Ce qui était autrefois urgent tout à coup le devient moins. Si nous construisons une dynamique suffisante, elle aura sa propre vie et il faudra un effort considérable pour l'arrêter.

## Étape 1. Développez des *Personas* utilisateur

Vous recevez les résultats des enquêtes de satisfaction depuis quelques mois maintenant. Vous devriez avoir une assez bonne idée du profil de vos utilisateurs. C'est un excellent point de départ pour commencer à développer des Personas d'utilisateurs. Comme nous l'avons vu, les Personas d'utilisateurs sont des catégorisations des utilisateurs en fonction de la façon dont ils utilisent les services TI. Les Personas d'utilisateurs vous permettront de commencer à personnaliser vos services afin de mieux répondre à leurs besoins.

Une fois les Personas déterminés, il faudra adapter les standards et équipements pour répondre à leurs besoins. Est-ce que l'expert Excel a le grand écran dont il a besoin? Est-ce que l'ingénieur voyageur a un ordinateur portable robuste qui fonctionne par un froid glacial et qui résiste aux chocs? Bien sûr, vous ne serez probablement pas en mesure de remplacer tous les équipements en une fois, ce n'est pas le but. L'objectif est d'élaborer de nouvelles normes pour les équipements futurs et commencer à les tester. Identifiez quelques représentants de chaque groupe et impliquez-les dans le processus de sélection du nouvel équipement.

## Étape 2. Mesurer l'engagement

Fournir l'accès aux systèmes n'est plus suffisant. Nous devons nous assurer que les utilisateurs sont impliqués dans les systèmes. Il est temps de commencer l'élaboration de mesures d'engagement. Nous avons vu plusieurs paramètres qui peuvent être utilisés pour mesurer l'engagement, mais la mesure la plus facile est généralement le nombre de connexions que les gens effectuent dans le système. Cette information est généralement facilement disponible et sa signification est cohérente d'un système à un autre.

En regardant les modes d'utilisation, ainsi que les *Personas* utilisateur développées plus tôt, il est possible d'identifier le groupe avec la participation la plus élevée et celui avec une faible participation. Cela vous donnera un point de départ pour analyser les raisons pour lesquelles les utilisateurs sont plus ou moins impliqués dans les systèmes et ainsi mettre en place des plans d'action pour accroître la participation. En suivant l'engagement sur une base mensuelle, vous pouvez voir l'efficacité de ces plans et les corriger si besoin.

## Étape 3. Formation

Une formation sera probablement l'une des étapes du plan d'engagement défini précédemment, mais elle doit également être fournie pour les services de base, tels que les outils de bureau et les courriels. L'objectif ici est de rendre les utilisateurs plus confiants afin qu'ils puissent non seulement devenir plus autonomes, mais aussi être prêts à dépendre de la technologie pour d'autres segments de leur travail.

La formation la plus facile à fournir est le diner causerie. Définissez un jour par mois dédié à couvrir les sujets de base concernant la productivité bureautique et y inviter les utilisateurs. Au début, il pourrait y avoir seulement quelques participants, mais ne vous découragez pas. Commandez une pizza, ceci fera venir les gens. Lorsque les utilisateurs verront la valeur de la formation, ils viendront plus nombreux.

Ces diners causerie sont également des forums utiles pour trouver les sujets pour les prochaines sessions. Demandez aux utilisateurs quelles sont leurs enjeux. Il y a des chances que vous obteniez une longue liste de sujets. Vos enquêtes de satisfaction, les billets de soutien technique et les données d'engagement fourniront le reste.

## Étape 4. Plan de communication

Croyez-le ou non, les utilisateurs veulent vous entendre, et pas seulement lors d'une panne de système. Ils sont intéressés par vos performances, par les projets sur lequel vous êtes en train de travailler et sur les évènements à venir.

Votre plan de communication devrait inclure des approches différentes qui correspondent à la façon dont les différentes *Personas* aiment être rejoints. Une page *Facebook* ou *Twitter* est un excellent moyen d'atteindre une génération plus jeune (au moins, cela l'était au moment de la rédaction de ce livre), tandis que le courriel peut être préféré par les gens qui voyagent. Certains aimeraient peut-être voir une vidéo. Soyez prêt à communiquer votre message à travers de nombreuses plateformes et en utilisant différents canaux.

Mais communiquer quoi? Développez un calendrier de communication qui inclut des informations pertinentes telles que l'interruption du système, les évènements à venir et la formation, des trucs et astuces, des études de cas et votre vision de l'avenir.

## Étape 5. Suivez vos moments de vérité

À présent, vous devriez avoir une assez bonne idée de vos moments de vérité, c'est-à-dire les interactions clés qui ont le potentiel de changer la perception de l'utilisateur de la valeur du département TI. Comme nous l'avons dit plus tôt, ce n'est pas toute interaction qui est un moment de vérité. Nous faisons souvent des enquêtes de soutien pour déterminer si une interaction spécifique a été adéquate et généralement, les résultats de ces petites enquêtes sont très élevés. Or, quand nous commençons à analyser celles faites pour le moment de vérité, c'est une autre histoire.

Regardez vos moments de vérité et commencez à compiler les données qui représentent votre efficacité. Qu'il s'agisse des enquêtes ou simplement des retards dans la clôture des billets, des mesures peuvent aider à surveiller ces interactions critiques.

## Étape 6. Planifier des suivi de révision des partenariats

Les réunions de suivi des partenariats sont un excellent moyen d'avoir une discussion ouverte sur la valeur que le département TI fournit à chaque département. Malheureusement, pour de nombreux leaders TI, il n'est pas naturel de parler uniquement du service qu'ils fournissent sans parler des projets spécifiques. Cette réunion est uniquement sur la relation entre le département TI et l'unité d'affaire concernée. L'ordre du jour prévu dans le chapitre sur les partenariats facilite cette conversation.

Commencez par la planification d'une réunion trimestrielle avec vos intervenants-clés pour les dix-huit prochains mois. Le fait de planifier longtemps à l'avance veillera à un engagement dans le processus et empêchera également l'excuse de l'agenda rempli. Vous ne vous sentez pas tout à fait prêt à vous attaquer à l'ensemble de l'organisation d'un coup? Commencez avec votre meilleure unité d'affaire, votre pire et celle avec laquelle vous n'avez pas de relation. Cela couvrira toutes les possibilités et rendra toute réunion ultérieure beaucoup plus facile.

# Phase 3. Vitesse de croisière

Une fois que suffisamment de vitesse a été créée, visez à concrétiser la création de valeur. Les phases 1 et 2 ont été relativement faciles en termes de motivation. Après tout, elles ont été facilement traitées comme des projets avec des objectifs précis et une échéance. Mais cette phase-ci est sur la continuité, autour de l'intégration de nouvelles pratiques dans l'organisation. En bref, il s'agit de changer la culture des TI.

Changer une culture n'est pas chose facile. Dans ce cas, nous demandons aux personnes qui travaillent d'une certaine manière depuis des années de changer leur fonctionnement, et de ne plus se concentrer sur la technologie, mais sur les utilisateurs, d'arrêter de compter sur des processus et de s'appuyer plutôt sur les compétences. Il n'y a plus de bonne ou de mauvaise façon de faire les choses. Maintenant, chaque action doit être adaptée à la personne et au contexte. Ceci peut rendre la gestion beaucoup plus difficile.

## Réflexions

Comme nous l'avons souvent dit, ce plan est simple, mais difficile. Il exige dévouement et attention constante. Il est difficile de changer les comportements quotidiens. Afin de vous aider, j'aimerais compléter cette section avec trois petits conseils.

## 1er Conseil : Choisissez judicieusement vos métriques

Les mesures représentent une partie essentielle de tout programme de transformation. Sans mesure, nous avançons dans l'obscurité. Nous pouvons avancer, mais nous ne savons pas vraiment si nous allons dans la bonne direction (et si nous allons dans un mur). Nous avons tendance à utiliser les mesures qui sont faciles à rassembler, pas nécessairement celles que nous devrions utiliser.

Les mesures doivent être choisies avec l'objectif à l'esprit. Habituellement, nous avons trois objectifs pour la métrique :

- Informer : tenir quelqu'un informé de la situation. Une métrique de statut de projet peut agir comme un avertissement précoce pour la haute direction.

- Changer une perception : quelqu'un pourrait avoir une idée fausse ou incomplète de la situation et des mesures peuvent corriger ce point de vue. Une mesure qui suit la disponibilité du service peut changer la perception selon laquelle le service est toujours en panne.

- Modifier un comportement : utiliser les mesures pour faire changer le comportement de quelqu'un en utilisant les indicateurs de satisfaction pour inciter les agents du centre d'assistance à passer plus de temps avec les utilisateurs, par exemple.

Selon les objectifs que vous voulez atteindre, vous pourrez choisir une toute autre série de mesures. Il est donc normal que cette métrique évolue au fil du temps pour répondre à vos nouveaux objectifs.

## 2ᵉ Conseil : Concentrez-vous sur la culture, et non sur le processus

C'est un fait bien connu en marketing que, lorsque quelqu'un appelle ou contacte votre organisation par courriel, vous avez cinq minutes pour lui répondre. Passé ce délai, la personne est passée à autre chose. Quand j'en ai parlé à un service TI, ils ont ajusté le système de soutien qui a commencé à envoyer automatiquement un *courriel* juste après la réception d'une demande. Il envoyait même des courriels quand les gens téléphonaient et laissaient un message vocal. C'était une configuration assez astucieuse. Malheureusement, elle a complètement raté sa cible.

Les départements TI sont obsédés par l'automatisation, mais vous ne pouvez pas automatiser les relations. Il est impossible de concevoir un processus qui peut remplacer les interactions personnelles avec les utilisateurs. Bien que le libre-service et l'automatisation aient leur place, ils peuvent rapidement devenir un obstacle à l'établissement des relations.

Le moteur de valeur vise à renforcer cette interaction. Il faut par contre du temps et des efforts. Les processus peuvent soutenir ces interactions, mais ils ne peuvent pas les remplacer. Ne soyez donc pas surpris si le premier instinct de votre équipe est de prendre ces mesures et d'essayer de les automatiser autant que possible. « Et si nous construisons un tableau de bord qui compile les plans de partenariat automatiquement? » Formidable, mais c'est l'acte de construire le plan de partenariat qui génère de la valeur, pas le plan lui-même. Construire le plan oblige le gestionnaire de relation à étudier chaque relation, pour déterminer si chacune d'entre elles sont toujours au même niveau ou si elles se sont dégradées afin de vraiment comprendre leurs priorités.

Trop d'automatisation et de processus peuvent diluer la valeur de l'ensemble de l'exercice.

### 3e Conseil : Bien préciser qui en est propriétaire

Si vous avez déjà assisté à un cours de secourisme, vous vous souvenez certainement de la leçon sur les groupes. Les cours de premiers soins nous enseignent de ne jamais demander de l'aide au groupe. Cela ne fonctionne pas. Ce n'est pas parce que les gens sont méchants ou voyeurs; c'est tout simplement parce que personne dans un groupe ne se sent concerné individuellement. « Quelqu'un d'autre le fera ». Non, vous devez viser une personne, lui demander son nom, puis lui expliquer clairement qu'elle doive aller chercher de l'aide et revenir vers vous. Sans cette délégation et le sens de la responsabilité, personne n'ira appeler les urgences.

La même chose s'applique à votre équipe. Si vous n'attribuez pas clairement un responsable pour chaque activité, elles ne se feront jamais. De nombreux leaders TI ont été frustrés par l'incapacité de leur équipe à s'attaquer à un programme ou à faire des changements, tout simplement parce que la responsabilité n'avait pas été établie.

Chaque tâche, activité ou objectif devrait avoir un responsable bien défini, un sens de la priorité par rapport à tout le reste et un délai. Sans cela, c'est une simple suggestion.

### Faire face aux échecs

Il y a une expression qui dit : « C'est dans les moments difficiles que l'on reconnaît ses vrais amis ». Cela n'a jamais été aussi vrai pour Mike.

L'un de mes clients, nous l'appellerons Mike, est devenu Agent, un véritable partenaire pour l'entreprise. Il avait une excellente réputation dans les différents départements. Il y est arrivé en faisant un compromis sur leur méthodologie de développement afin de respecter les délais serrés du marketing. Un marché volatil l'obligeait à réagir rapidement et parfois, à négliger les tests de qualité, ce qui bien sûr créait de grands soucis aux finances. Malgré tout, tout le monde se comportait comme un bon citoyen corporatif, et comprenait les sacrifices qui devaient être faits au nom du respect des délais. Du moins, jusqu'au jour où les systèmes sont tombés en panne.

Un problème technique majeur s'est produit, ayant comme résultat deux jours d'arrêt, juste au début d'une nouvelle campagne publicitaire. L'organisation a perdu des revenus bien entendu, mais elle a également perdu beaucoup de crédibilité face à ses clients.

Ce qui était autrefois un environnement de camaraderie et une équipe solide est rapidement devenu un repaire de loups. Tous les exécutifs ont tournés le dos au département TI, le marketing y compris. Les différents départements ont critiqué leur méthodologie et leurs lacunes au niveau des tests.

Lors d'un déjeuner, Mike me disait : « Si j'avais su, je n'aurais jamais accepté d'accélérer les choses. J'aurais laissé le marketing tomber ». Bien sûr, ce n'était pas non plus une option.

Nous aimons penser que les partenariats évoluent dans une seule direction : pour le mieux. La réalité est que les partenariats varient au fil du temps. Au mieux, les partenariats ne sont que temporaires. Des évènements, des crises et des changements de poste font varier les partenariats au fil du temps. Ce que Mike n'a pas réalisé, c'est qu'il n'était plus un « Agent » depuis un certain temps. Il était devenu un « Majordome », acceptant ce que l'entreprise voulait malgré les conséquences. Il avait accepté de compromettre ses processus et la qualité, sans jamais avoir le temps de les rattraper. Au point où cela était devenu normal. Il ne jouait pas son rôle.

Il y aura des revers lorsque vous exécuterez votre moteur de valeur. Certains partenariats grandiront et d'autres échoueront. Certains mois, le score de satisfaction utilisateur sera en baisse au lieu de monter. Dans ces moments, il sera tentant d'abandonner, d'arrêter de mesurer et d'isoler le département TI de l'organisation une fois de plus. C'est pendant ces moments que vous pouvez démontrer, à votre équipe et à l'entreprise, que vous comprenez ce que signifie être un partenaire et que vous n'y renoncez pas.

# Conclusion

Vous avez peut-être commencé ce livre en pensant qu'il contiendrait des stratégies et des enjeux de haut niveau, que l'on discuterait de sujets tels que la gouvernance et l'architecture d'affaires, que l'on verrait comment les TI peuvent dicter une orientation stratégique à l'organisation. Au lieu de cela, nous avons discuté de l'importance de prodiguer un service de base constant, que l'assistance technique est critique et que passer du temps sur le plancher des vaches est extrêmement important. Nous sommes passés des complets trois-pièces aux bottes de travail.

J'espère que c'est ceci que vous retiendrez de ce livre : être aligné avec l'organisation est un travail exigeant et modeste. Personne ne livre de la valeur avec des plans stratégiques et des idées de haut niveau. La valeur provient de la compréhension de ses clients (les utilisateurs), pour les aider à atteindre leurs objectifs.

Gérer la valeur d'affaires est loin d'être « sexy ». Ceci demande du travail et des discussions avec des personnes qui préfèreraient qu'on retourne à notre sous-sol d'où on vient. Forcer ces discussions est néanmoins un élément critique et essentiel pour la prestation de valeur.

J'espère que ce livre vous inspirera à démarrer votre propre moteur de valeur. Restez en contact, visitez *GreenElepahntTeam.com/VCTI* pour des gabarits, des articles et des recherches sur la création de valeur. J'aimerais également répondre à vos questions ou simplement en apprendre davantage sur vos propres expériences. Envoyez-moi une note à : *simon@greenelephantteam.com.*

## À propos de l'auteur

Simon Chapleau est le fondateur de *Green Elephant* (www.GreenElephantTeam.com), une firme de recherche spécialisée dans la valorisation de la valeur d'affaires des TI.

Il a gagné l'*Octas* du projet ERP de l'année en 2010 et possède une maîtrise en marketing, en gestion (MBA) et en gestion de projet. Il tente maintenant de finir son doctorat avec l'*Edinburgh Business School*.

Simon donne fréquemment des conférences sur la valeur commerciale et l'alignement des TI. Il travaille également à la livraison des programmes *Green Elephant* avec ses clients.

Avant de fonder *Green Elephant*, Simon était CIO pour *Sanimax*, une compagnie de recyclage nord-américaine. Il a également été impliqué dans plusieurs projets de transformation avec des clients tels que *Allstate*, *Procter and Gamble*, *ING* en tant que directeur des services-conseils pour *Gartner*.

Simon habite à Montréal avec sa femme et sa fille.